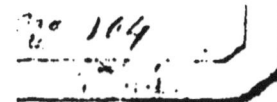

RÉCITS
DE SUISSE
ET D'ITALIE

PAR

JULES DE GÈRES.

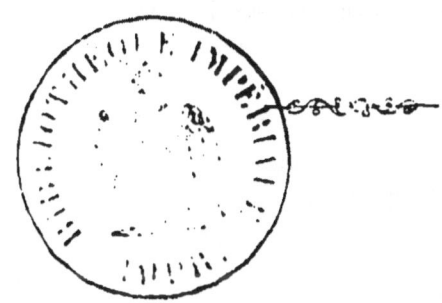

PARIS,
LEDOYEN ET GIRET, LIBRAIRES,
QUAI DES AUGUSTINS, 7.

—

BORDEAUX,
CHAUMAS-GAYET, LIBRAIRE,
FOSSÉS DU CHAPEAU-ROUGE, 34.

—

1854

Bordeaux. — G. GOUNOUILHOU, place Puy-Paulin, 1.

SUR L'ÉTRIER,

LETTRES AU GALOP.

Il y a dix ans, un journal publia sous ce titre une série de lettres que j'adressais à son rédacteur; je réunis aujourd'hui ces lettres en volume.

Ce n'est point une œuvre complaisamment minutée au coin du feu, dans les loisirs du retour; — ce sont des notes de voyage prises en courant, écrites à la volée, au jour le jour, en voiture, en bateau, sur les grandes routes et les tables d'auberge. La poste les portait au journal, et le journal les portait au public, pendant même que le voyage avait lieu.

Quelques erreurs ont dû sans doute résulter de ce mode un peu rapide ; je n'ai ni le temps, ni le courage, ni même la volonté de les rectifier.

J'ai retranché plusieurs pages ; je n'ai pas ajouté une ligne, ni changé un mot.

J'ai conservé les formes et maintenu les divisions naturelles que les dimensions des lettres avaient imposées. J'ai seulement rétabli l'ordre que l'inexactitude de plusieurs courriers avait interverti.

Dans un siècle comme le nôtre, dix ans sont plus que deux lustres ; de grands noms ont disparu de la scène contemporaine, de nouvelles découvertes ont détrôné les anciennes, les hommes et les choses ont marché ; c'est-à-dire, ont vieilli ; — les routes elles-mêmes, et la manière de les faire, ont progressivement changé. Mais malgré l'intérêt instructif des regards jetés sur le temps écoulé et la distance parcourue, malgré l'immense poésie qui résulte d'un regard jeté en arrière sur les événements survenus, je n'ai pas cédé à la tentation d'ajouter, au texte primitif, des réflexions que les événements de tout genre, accomplis dans ce dixième de siècle, suggéreront naturellement à l'esprit des lecteurs.

L'histoire aussi voyage vite, c'est à peine si nous pouvons la suivre; — et pour elle, comme pour nous, *à la vapeur* serait une expression aujourd'hui plus juste qu'*au galop*.

Novembre 1855.

RÉCITS DE SUISSE ET D'ITALIE.

Genève, 23 juillet 1844.

I.

Ile Rousseau. — Ferney. — Coppet. — Cottages. — Genève.

Au second quartier de la cinquième lune du *Palmier d'Or,* poëme d'Omed-ben-Aiaz, — est une strophe dont voici la traduction littéralement transcrite d'après un manuscrit génevois :

« Les archers vagabonds, brûlés par le soleil, s'arrê-
» tent en cercle autour du cavalier seul, les yeux blancs,
» et affamés d'apprendre. — « Nommez-nous, dit le
» chef barbare, toutes les têtes du Mont Akiar ? — Nous
» savons les déserts jusqu'à l'horizon ; mais la lumière

» du Midi a trahi ces géants de la terre, remparts des
» tribus poursuivies. Parlez donc, et dites-nous les
» voies. » — Le guide songeait, regardant le soleil,
» et de sa main nerveuse tordant la crinière de Lévia-
» than. — « Eh bien, soit, — répondit-il enfin, —
» mais au galop ! » — Et dix mille coursiers, sur la
» trace d'un seul, volèrent comme un nuage de flèches,
» qui percèrent les défilés de l'Ismahan. » —

Vous avez eu la bienveillante bonté de me demander quelques lignes, et, du pied des montagnes, je vous réponds comme le guide abyssinien ; — « Eh bien soit : *mais au galop !* »

Franchissons donc le Jura comme les archers basanés gravirent les sommets de l'Akiar, et faisons halte sous le *Palmier d'or* des belles rives de Genève.

Auriez-vous d'aventure gardé quelques vagues souvenirs de l'île enchantée décrite par le bon M. Galland dans son Harem des Fleurs ? — Il est un tout petit recoin du monde, dit Scheerazade, isolé comme le bonheur et voilé comme lui ; un derviche ne peut réciter le credo du Coran que deux fois en en faisant le tour au pas ; — l'essaim favori des Odalisques l'enchainerait tout entier dans une guirlande de bras étendus, et la main de la cinquantième fermerait le cercle en rejoignant celle de la première, car il n'y a pas, d'une extrémité à l'autre, plus de vingt coups d'aile pour un colibri. Les eaux du lac, — plus profondes et plus bleues que l'air azuré du ciel, — étendues au nord et au levant comme un désert céleste, enchâssent de tous bords cette oasis de verdure, bosselé en relief comme une émeraude infiniment petite sur une magnifique turquoise d'Omir. — Trois sycomores géants, aussi droits et flexibles que les mâts d'un corsaire, jaillissent d'une touffe d'arbres à larges feuilles, qui s'arrondissent sous la brise comme les voiles aériennes dont parle le prophète. Deux fils d'argent, tendus dans l'espace, relient ce paradis aux quais de la ville Sainte, qui lui envoie l'éclat de ses minarets, les clameurs de sa foule, l'écho de ses carillons et de sa mousqueterie. — Le sultan des fleurs y descend à l'heure où Sirius se dégage des ténèbres naissantes ; il s'étend sur les tapis parfumés, et s'oublie à contempler à sa droite, les mille flèches de la cité, perçant de leurs noires silhouettes les bandes empourprées du couchant.

A sa gauche, au-dessus de l'horizon de jardins et de mosquées dont les terrasses fleuries bordent circulairement les vagues retenues, rougissent, aux derniers feux de l'Occident, les éternelles neiges des monts inconnus. —Cependant, tout autour de sa rêverie, pointent et se multiplient les gondoles aventureuses ; les solitudes foncées du lac s'éclairent de leurs blanches voiles, étincelantes dans l'ombre comme des étoiles diamantées sur le plus bleu des firmaments. Assis autour de ses pieds nonchalamment croisés, des esclaves nés sur des terres harmonieuses, mêlent aux parfums des fleurs qui se ferment, des accords dont la mélancolie se prolonge en s'affaiblissant sur les ondes lointaines, comme les dernières lueurs d'un songe effacé. — Mais à une vibration lancée par l'airain de la grande mosquée et répétée par tous les temples, un éclair brille sous le croissant des remparts, et les chaloupes guerrières ont envoyé jusqu'aux tonnerres des montagnes les joyeux signaux du silence et de la nuit.

Au fait, ne cherchez pas; je ne présume guère que cette description vous ait frappé; Scheerazade n'a probablement rien dit de pareil dans ces mille et un contes qu'elle *racontait si bien*, mais dont je n'ai jamais pu lire que le premier. — Cependant, un Orient quelconque a surgi tout doré dans mon imagination ce soir, et quand j'ai voulu vous rendre compte de l'heure que je viens de passer dans l'*île Jean-Jacques-Rousseau*, je me suis senti follement entraîné par une invention féérique et brillantée, qu'en mon âme et conscience je vous déclare être encore bien au-dessous de la vérité. — J'en appelle à ceux qui étaient dans cette île avec moi, à ceux qui s'y sont trouvés ou s'y trouveront dans une réunion de circonstances pareilles. — Tous les détails qu'aurait pu multiplier le contrefacteur de M. Galland, eussent été faciles à traduire en langue vulgaire et civilisée; et quant au héros, j'affirme que c'est le premier venu, que c'est vous, que c'est moi-même, car le Sultan des fleurs n'est vraiment pas plus heureux que l'étranger ou l'indigène non blasé pour qui la nature et le vénérable grand-conseil de Genève ont réuni, dans un lieu grand comme la main, les séductions les plus enivrantes et les plus complets ravissements. — Grâces en soient aussi rendues à l'intelligente société des concerts d'Harmonie. Les symphonies de Weber, de Meyerbeer, de Niedermeyer et de Mercadante, n'ont jamais été plus savamment interprétées, plus religieusement écoutées; on eût dit que le lutin familier du beau lac Léman poussait doucement vers l'île toutes les petites barques pavoisées, immobiles, curieuses, et arrêtant dans leurs voiles les rêveuses inspirations des grands maîtres. — Je ne dirai plus qu'un mot de cette île fortunée, peut-être vaudra-t-il tous les autres : c'est que les deux sentiments qui se sont le plus fortement emparés de mon cœur et de mes yeux pendant que j'y étais heureux, ont été le désir impérieux et spontané d'y posséder auprès de moi tous ceux auxquels je tiens encore sur la terre, et la douloureuse impuissance de leur faire partager à cette heure, à cette place, un de ces bonheurs rapides et intraduisibles qu'à de si rares intervalles un capricieux hasard jette inopinément sur nos pas. — A vous tous que j'aime, j'ai envoyé votre part de ma félicité inattendue ; — n'avez-vous point compris l'invisible écho de mes joies attristées qui vous parlait de moi?

Il me semble que le voyageur a déjà ralenti son allure; c'est à l'île *Rousseau* qu'il faut s'en prendre ; — il est bien vrai que le bonheur est rapide, mais quand on se croit heureux, on tâche d'aller au pas. — Je remonte sur l'étrier, — au galop maintenant.

Genève est une des villes les plus heureusement situées. — Je crois me souvenir qu'Alexandre Dumas lui assigne le second rang, en accordant le premier à Florence. — Le pays qu'elle commande peut être appelé à bon droit la *Petite-Angleterre;* c'est le portrait en miniature de la Grande-Bretagne ; il est d'une ressemblance frappante. — Les Anglais ont si bien fait à leur image cette république exiguë ; ils y ont si fertilement acclimaté leurs mœurs, leurs sectes diverses, leurs habitudes confortables, et jusqu'à la forme extérieure et la disposition intérieure de leurs habitations, qu'il faut toute la beauté de ce lac, — le plus beau de la terre, — et toute la splendeur de ce ciel d'Italie, pour ne pas se croire noyé dans un océan de parcs et de *cottages* d'outre-mer. — Au reste, leur ouvrage est admirable ; existe-t-il au monde une seconde rive droite du lac Léman ? — Qu'un touriste plus cosmopolite réponde ; — quant à moi, je l'ignore, mais je ne le crois pas. Chacun a plus ou moins rêvé un nid où le passé puisse être oublié dans l'attente et l'achèvement paisible d'un avenir sans ambitions; mais personne n'a égalé dans ses rêves la moindre de ces retraites ombreuses que leurs toits brillants et coquettement aiguisés trahissent à peine au sein de leurs massifs d'arbres verts. — Rien n'engage à reposer sa vie, comme ces routes mystérieuses, sablées de petits cailloux argentés, étroitement embrassées par deux haies de fleurs rares et disposées avec amour, recouvertes par des dômes dont la végétation ne cesse pas l'hiver ; voies solitaires et embaumées, qui, des bords du lac où elles semblent vous attendre et vous convier comme au port d'un océan plein de tempêtes, — vous conduisent par mille gracieux détours jusqu'à de petits îlots de prairies où s'épanouissent en terrasses, en colonnades, en balcons, en arcades tressées de pampres, en tentes riches et flottantes, en fontaines prodiguées, en ornements gothiques, romans, bysantins, mauresques, fantastiques, bizarres, fabuleux, toutes les séductions que le caprice du bien-être et le génie du confort ont pu réaliser. — Une des hautes notabilités de la république, M. Saladin, possède au milieu de cet écrin un diamant dont l'éclat fait chaque jour plus d'envieux encore que d'admirateurs.

Il est des séjours moins richement doués peut-être, — mais dont les noms ont fait le tour du monde, et dont la noble infériorité est relevée par les talismans du souvenir. Ainsi Ferney, tellement vanté que je l'ai trouvé au-dessous de sa réputation, ne comprenant pas que Voltaire ait commis le contre-sens d'habiter vingt ans une mauvaise ferme dont le seul mérite ou le seul attrait aurait pu être une vue magnifique sur un lac qui s'étend, à un kilomètre de là, dans un parcours de plus de soixante, et que l'on n'aperçoit cependant pas plus que s'il était situé de l'autre côté du Mont-Blanc. — En somme, ce que j'ai vu de plus curieux à Ferney, — qui tombe en ruine et qui est en vente, — c'est un enthousiaste baronet qui suait sang et eau à tailler un demi-stère de bois dans le bosquet, — léger souvenir que sa vénération désirait conserver d'un ormeau planté par la main de M. de Voltaire. — Je n'ai pu apercevoir la moindre canne du grand homme. — On m'en a donné pour raison qu'à cette époque les Anglais de passage s'abattaient sur Ferney par bandes si nombreuses et si voraces, que tous les tourneurs du pays ne pouvaient suffire à la fabrication de cet éternel phénix à pomme d'or que le fougueux encyclopédiste a porté *si longtemps*. Le roi des philosophes a fait bâtir à sa porte, et de ses deniers, une petite église catholique où il entretenait un chapelain.— Après cela, je m'étonne moins du contre-sens de tout à l'heure, et je suis prêt à dire avec Voltaire lui-même : « Si quelqu'un veut entreprendre le dictionnaire des contradictions, je souscris pour vingt volumes in-folio. »

Après Ferney, Coppet. — Encore habitée par la belle-fille de l'auteur de Corinne et de l'Allemagne, cette riante solitude doit appartenir un jour à M. le duc de Broglie, lequel vient souvent l'habiter avec sa famille. Il est impossible d'être fasciné par une vue plus attrayante et plus grandiose à la fois, que celle dont le panorama vous environne quand vous sortez du parc anglais par la cascade du petit moulin de Coppet. — Je ne puis oublier, sur l'autre rive, la Villa-Diodati, ravissante retraite de lord Byron, — non plus que ces ombrages de Clarens, sous lesquels errent encore les ombres de Julie et de Saint-Preux; — enfin, Chillon, dont j'aurai occasion de vous reparler.

On trouve aussi, en remontant vers la Savoie, une

belle habitation princière où réside la grande duchesse Constantin, sœur de la duchesse de Kent, — laquelle était venue elle-même s'y reposer, il y a deux mois, des honneurs qui la fatiguent à la cour de sa fille.

— La population de Genève est un singulier mélange : Français, Italiens, Maltais, Allemands dans tous leurs genres et leurs sous-genres, Espagnols et Créoles, Anglais et Irlandais, s'y croisent comme dans une Babel moderne. — Le polyglottisme du célèbre cardinal Mezzofante est ici de rigueur. — Quant au Génevois indigène, il tient de la bonhomie allemande et du puritanisme anglais. — Il est plutôt blond que brun ; on peut le reconnaître à son teint biblique, à son costume noir, et à la rigidité de ses habitudes réformées. — Du reste, il est affable, poli, et participe de la douceur du miel excellent servi sur sa table. — Il est généralement plus instruit que spirituel. — Comme il est patient, il atteint à toutes les branches de la science ; mais son triomphe est l'homœopathie, jointe à la commentation des livres saints. — Peschier, le grand homœopathe, est de Genève, cette ville qui a tenté et qui tente encore sur elle-même toutes les réformes possibles. — Les oculistes de Genève sont en grand renom.

En général, tous les médecins et chirurgiens de cette ville se montrent très-flattés de la réputation qu'on leur accorde et de la distinction qu'on leur témoigne en venant les consulter de l'étranger ; et quand le malade est une femme, ils ont la galanterie de lui envoyer soir et

matin de magnifiques fleurs coupées dans leurs villas.
— Genève fournit aussi des artistes de grand mérite, dont les noms sont peut-être plus célèbres à Paris que dans leur ville natale. — Ainsi, parmi les peintres, Cointet, Diday, et surtout Calame, qui a la puissance de transporter les montagnes comme la foi dont l'Évangile parle, et le secret de faire admirer au Louvre, chaque année, les plus beaux sites alpestres, les plus blanches cascades et les sapins les plus sauvages du Mont-Blanc. — Un collectionneur qui aurait toutes les splendides toiles de Calame dans sa galerie, pourrait, sans en sortir, faire la plus attrayante tournée de Suisse et de Savoie qu'il ait jamais été permis à un gentleman d'exécuter. — Il n'aurait à redouter ni le mauvais temps ni la fatigue. — Il est vrai que ce voyage serait probablement plus coûteux que les autres. — Le sculpteur Pradier est aussi de Genève. C'est à lui que revient l'honneur de la statue de Jean-Jacques Rousseau dans l'île qui porte le nom de l'auteur des *Confessions*. — Je vous ai dit que la patience et la constance étaient les vertus particulières des Génevois: l'un d'eux, M. Sené, a passé dix années de sa vie à sculpter un relief en bois de l'énorme chaîne du Mont-Blanc. — Neiges, arbres verts, rhododendron des parties moyennes des Alpes, cascades, villages, chalets, tout est représenté avec une précision topographique, une vérité de couleur et d'ensemble qui produisent l'illusion la plus complète, surtout lorsque ces merveilles rapetissées reprennent leur gran-

deur et leur éloignement relatif à l'aide d'une lunette d'approche. Un premier travail de bénédictin avait, antérieurement à celui-là, coûté aussi de nombreux voyages et de périlleuses études à M. Sené ; — c'était le Simplon, reproduit de la même manière, et avec une perfection si remarquable, qu'il n'a pas tardé à devenir la propriété particulière du roi des Français.

Genève, — comme toute la Suisse, — possède des hôtels dont le luxe dépasse toute idée. — L'élégance et la propreté la plus exquise s'étendent jusqu'au plus petit marteau de porte. — Le service y est d'une activité, d'un brillant et d'une courtoisie de grand ton, malheureusement inconnus en France. On y arrive par de somptueux pas-perdus, tellement tapissés de fleurs et de verdure, que l'on se croirait transporté sous les tonnelles célèbres de la villa Parmiani. — Le chef d'un établissement comme ceux-là doit être possesseur d'une fortune déjà colossale. Les Anglais aiment fort ce confortable, qui leur rappelle tout celui d'Outre-Manche ; — mais ils aimeraient encore mieux ne pas le payer, — non pas qu'ils tiennent à leurs schellings, au contraire, ils trouvent tout naturel de les jeter aux poissons du lac ; — mais il leur paraît bizarre qu'on les force de laisser leur or là où ils le doivent plutôt que là où ils ne le doivent pas. — A l'heure où je vous écris, trois de ces messieurs sont retenus pour dettes capricieuses et gardés à vue dans l'hôtel des Bergues. — L'un d'eux a la monomanie de vouloir jouer de trois instruments à la fois, n'importe lesquels; — et les nombreux essais de ce virtuose compromettent beaucoup plus gravement les intérêts du propriétaire de l'hôtel, que ne l'eût fait l'abandon complet de la dette pour laquelle l'Angleterre compte un Anglais de moins. Mais le plus excentrique des trois, sans contestation, — est un jeune lord, — qui n'a pas mangé sa légitime, mais qui l'a donnée à consommer aux autres avec assez d'aplomb. — Il avait fait construire une petite frégate avec laquelle il a passé plus de six mois, jour et nuit, sur le lac. — Il ne gagnait jamais le bord qu'en faisant annoncer par un porte-voix qu'il offrait un dîner à tout le village et à tous les étrangers de passage. — Deux ou trois heures après, il était l'amphytrion couronné de cinq ou six cents convives. — Des spéculateurs suivaient sur les bords du lac ce philanthrope humanitaire, et se trouvaient, — par hasard, — de tous les banquets donnés par le Neptune généreux. — De plus, on savait, dans toute la circonférence du Léman, qu'il payait immédiatement dix bouteilles de Champagne à tous ceux qui saluaient sa frégate d'un coup de canon; vingt, quand il y avait deux coups; trente, pour trois, et la progression. — Ce qu'il y a de bon, c'est qu'un autre Anglais, qui est allé lui rendre visite, il y a trois jours, dans sa chambre-prison, a trouvé son originalité si exorbitante, qu'il voulait acheter son compatriote, et l'emporter comme un objet de curiosité.

Il y a peu de monuments remarquables à Genève, — mais les maisons y sont généralement d'une grande co quetterie ; on voit des tentes et des fleurs à chaque fenêtre ; — sans compter les armes de la ville et du canton, reproduites partout et sous toutes les formes, avec la devise : — « *Post tenebras lux.* » Ce bon peuple s'imagine que lui seul a miraculeusement trouvé l'étoile du Grand-Orient, et que tout le reste des habitants de la terre est plongé dans la plus profonde obscurité. — Je ne sais pas d'orgueil aristocratique comparable à celui de cette mince république. — On ne peut faire un pas dans le canton, sans retrouver sur le moindre poteau son blason et ses couleurs. — Les voitures publiques, les bateaux, les chiens eux-mêmes n'en sont pas exempts. — Les ambitions mesquines intriguent ici comme partout. La Diète, le grand Conseil et toutes les sommités républicaines, se livrent à un chœur d'ensemble qui ressemble fort à ceux des figurantes dans le troisième acte des *Huguenots* et dans le dernier acte du *Domino Noir*. — Il est amusant de lire dans les journaux indigènes les discussions soulevées par la question d'équipement et d'uniformes nouveaux à donner à leurs troupes, — car il y a des troupes. Il y a même aux différentes portes de la ville des sentinelles armées de fusils. Les étrangers qui ont déjà six mois de séjour passent devant ces postes sans rire et sans sourciller. Les républicains de ce pays modèle se vantent de jouir d'une incommensurable liberté... C'est leur corde sensible, leur point chatouilleux. Au fait, ils ont toutes les libertés que nous avons, moins un grand nombre d'autres, et plus une foule de petites vexations — dont nous sommes privés. — Ainsi, — pour n'en donner qu'un échantillon, — à neuf heures sonnantes, on ferme les portes de la ville, et quiconque s'y présente cette heure passée, pour rentrer sous le toit paternel ou conjugal, paie une amende ou couche dans les fossés pleins d'eau : c'est au choix du délinquant. — Mais on est parvenu à faire croire aux Génevois que c'est pour leur avantage et leur plus grande liberté, et voilà la science suprême du législateur.

Chamouni, 26 juillet.

II.

Cluse. — Grotte de Balme. — Hudson-Lowe. — Alexandrine.
Le Mont-Blanc.

On se représente assez généralement la Savoie sous une couleur de suie et de cheminée, et l'on juge les naturels de ce beau pays sur ces malheureux petits échantillons enfumés qui ramassent les *petits sols* dans nos rues, ou glapissent aigrement sur nos toits. — La dénomination de *Savoyard* est ordinairement employée avec peu de bienveillance, et n'est pas acceptée sans quelque ressentiment. — Cependant, si, par une brillante matinée de juillet, vous parcouriez à pied les délicieuses provinces du Chablais et du Faucigny ; si vous admiriez l'abondance des moissons, les riches teintes des feuillages, la propreté coquette des habitations, la politesse et le serviable accueil des habitants, vous reviendriez des erreurs de votre enfance, et vous seriez tenté de vous avouer avec tristesse que le pays qui vous a vu naître est infiniment plus *savoyard* que les admirables contrées que vous avez sous les yeux. — Plût au ciel que toutes les chaumières fussent aussi reluisantes au soleil, aussi ouvertes à l'air pur, aussi gracieusement posées et élégamment bâties !... Que ne lui plaît-il aussi qu'il y ait partout autant de frais sourires aux fenêtres ombragées, autant de courtoisie sur les seuils tapissés de fleurs, autant de grâce avenante et de savoir-faire hospitalier. — Non, ce n'est pas en Savoie qu'il faut aller pour trouver des traits sauvages, des figures haineuses et mal disposées, des caractères bassement envieux et des grossièretés orgueilleuses. — Ce n'est pas là que vous rencontrerez la misère et la paresse, la négligence et la malpropreté. — Tout y a l'air heureux de vivre. — Les plus petites fermes, les métairies les plus isolées, sont de vrais palais à côté des quatre murs en pierre noire de nos métayers. — Je n'hésite pas à dire que l'église de la plus chétive peuplade, si haut perchée qu'elle puisse être sur la montagne, si reculée qu'elle se voile dans les gorges de la vallée, est même d'un extérieur qui ferait honte à la majeure partie de nos églises de canton. — Veuillez donc ne plus croire de la Savoie ce que vous en raconteront volontiers ceux qui ne la connaissent que par tradition de ceux qui ne la connaissent pas. — On pourrait seulement accuser le roi de Sardaigne d'un peu de jalousie : c'est, depuis le cabinet du consulat sarde à Genève jusqu'au cœur de la Savoie, une chaîne de visiteurs et de contrôleurs de passeports qui n'a d'égale en étendue que la chaîne du Mont-Blanc.

La province de Faucigny a de fort jolies petites villes : on y trouve partout des hôtels d'une exquise propreté. — L'une d'elles, et non la moins pittoresquement située, Cluse, a été victime, il y a un mois et demi, de l'imprudence d'un de ses habitants. — Un soir de juin dernier, le feu prit à une maison de l'ouest de la ville : il était six heures environ. — A neuf heures, — c'est-à-dire après trois heures de temps, — la moitié de la ville n'existait plus. — Le vent, débouchant avec fureur du défilé de l'Arve, ne fit qu'une seule flamme de plus de trois cents maisons. — Plusieurs personnes furent écrasées sous les écroulements. Aujourd'hui, il est impossible de se faire une idée de la désolation de Cluse. — Sodome ne devait pas avoir un autre aspect. — On traverse de longues rues bordées de ruines et de pans de murs calcinés; on aperçoit l'intérieur de quelques étages dévastés, on retrouve des lambeaux d'enseignes sur les portes noircies; il règne partout un silence de mort. — A l'autre extrémité de la ville, — une foule d'habitants, les bras découragés, sont assis sous les arbres, implorant la pitié des rares voyageurs; d'autres achèvent de grandes barraques en planches, où ils se réfugient par centaines pendant la nuit. — Des souscriptions sont ouvertes dans tout le pays; mais il faudra un temps bien long et une charité bien grande pour effacer tous ces malheurs. — Du reste, ce fléau n'est pas rare en Savoie. — En 1840, le 19 avril, l'élégante petite ville de Sallanches, qui n'est qu'à douze kilomètres de Cluse, fut détruite *entièrement* par le feu. — Une ville neuve s'élève aujourd'hui sur les débris de l'ancienne : le feuilleton du premier numéro du *Courrier de la Gironde* en a donné quelques détails (¹).

Sur la route de Cluse à Sallanches, à quelques centaines de mètres d'élévation, dans un rocher dont la paroi est presque verticale, s'ouvre une grotte célèbre dont je pourrais vous raconter cent merveilles. — Lac sans fond à son milieu, arbre ne voyant jamais le jour et se chargeant annuellement de feuilles, de fleurs et de fruits : écho magnifiquement généreux, qui vous rend vingt roulements de tonnerre pour un simple coup de pistolet, la grotte de Balme tient en ce genre tout ce qui concerne son état. Mais elle a sur ses concurrentes le mérite d'avoir servi de décor à un drame terrible et risible à la fois, que je vais vous dire, et dont on a cru pouvoir me garantir l'authenticité. Je pourrais nommer tous les héros de la pièce; je les laisserai deviner en partie.

En 1828, une femme, accompagnée d'un guide, —

(¹) *Un Clair de Lune*, 22 septembre 1841.

gravit les rochers de Balme, et se fit conduire dans l'intérieur de la grotte. — Parvenue à un bord du lac, elle admira les formes bizarres des stalactites, établissant par instinct des rapprochements entre ces sculptures naturelles et les souvenirs des lieux qu'elle avait habités. — Soudain, elle crut saisir en tout point une ressemblance parfaite, et s'écria : — « Mon Dieu!... mais voilà Sainte-Hélène!... je reconnais tout : voici le rocher, le saule pleureur, le tombeau! » — et tombant à genoux, ses yeux se remplirent de larmes. — Puis se relevant, elle demanda un couteau, et grava sur le roc, au-dessous de cette curieuse page du hasard, cinq ou six vers à la mémoire de l'Empereur. — Le dernier, qui contenait la signature, était ainsi conçu :

« *La comtesse Bertrand, qui t'a suivi partout !* »

Un an après, le 27 juillet 1829, — un homme parcourut la même voie. — Il lut les vers fidèlement gardés par la pierre, et, devenant sombre, il se mit à les gratter avec un caillou et à en faire lentement disparaître la trace. — La gardienne de Balme, qui lui servait de guide, lui fit observer qu'il y avait de l'indélicatesse dans son procédé, — et qu'à cette latitude sous terre, toutes les opinions étaient libres et respectables. — Il n'en tint compte, et acheva son œuvre de destruction. — Cela fait, il prit l'album des voyageurs, y inscrivit longuement son nom et ses titres, avec une amplification qui semblait témoigner d'une crainte incroyable de voir douter de son identité. — Comme il allait sortir de la grotte, entrèrent trois jeunes gens, dont l'un d'eux, M. E.... de L. C., venait justement à Balme, — par une bien singulière coïncidence, — pour montrer aux deux autres les vers que la comtesse Bertrand avait sculptés l'année précédente. — Ils se précipitèrent d'un bond au rocher de *Sainte-Hélène*, — car il avait conservé ce nom, et grand fut leur désappointement quand ils virent l'inscription effacée. — « Depuis quand ces vers ont-ils disparu ? » — demanda M. de L. C. furieux. — La gardienne répondit : « Il n'y a pas encore un quart d'heure qu'ils ont été grattés. » — — « Mais par qui ? s'écrièrent les jeunes gens exaspérés ; ce ne peut être que par vous ou par Monsieur, qui sort d'ici à l'instant même. » — L'inconnu ne répondit pas. — Alors ces messieurs le terrassèrent, le traînèrent violemment au bord d'un puits d'une profondeur vertigineuse, et l'y maintenant à genoux, le sommèrent d'avouer son action, sous la menace trop sérieuse de le précipiter immédiatement.

Aux tremblements de cet homme, à la contraction de ses traits horriblement pâlis, à la lâcheté de son aveu soudain, à la faiblesse de sa voix agonisante, à la honte enfin de ses paroles et de ses regards, M. E.... de L. C. reconnut Hudson-Lowe, le geôlier de Sainte-Hélène ! — — « Voilà dix ans que je cherche cet homme, dit M. de
» L. C. hors de lui ; — l'infâme a manqué à tous les ren-
» dez-vous que je lui avais donnés ; mais son heure est
» arrivée, je veux que tous les hommes de bien qui

» viendront à la grotte de Balme y contemplent le *trou*
» où je vais laisser tomber ce monstre ! A moi tous les
» vengeurs de la gloire insultée et ignominieusement
» étouffée par lui ! » — Et sir Hudson-Lowe fut enlevé
et suspendu par les pieds au-dessus de l'abîme, sa tête
plongeant dans l'obscurité du puits. — Il passa trois
minutes, — trois siècles, — dans cette horrible situation. — Une oraison funèbre des plus véhémentes et
des moins flatteuses retardait seule l'accomplissement
du sacrifice. — Mais peut-on penser qu'il fût sensible aux reproches sanglants et aux anathèmes, lorsqu'il se sentait attiré par le gouffre sans fond ? — Quelle
épouvantable expérience du centre de gravité ? — Cependant, la gardienne, revenue à elle, s'était précipitée
aux genoux des Français. — Elle leur dit qu'Hudson-
Lowe ne serait point le seul puni, et que pourtant ni
elle, ni ses enfants, n'étaient coupables; que cette place
de guide et de cicerone lui était déjà louée plus de
800 fr. par le gouvernement sarde; qu'elle avait la plus
grande peine à gagner l'existence de sa famille, et que
le meurtre affreux auquel elle allait assister sans pouvoir l'empêcher la ruinerait pour toujours ! — La grotte
serait certainement fermée par ordre supérieur, l'asile
du gardien démoli, son industrie perdue, et sa vie désormais impossible ! — Ces messieurs s'humanisèrent :
Hudson-Lowe fut retiré. — Mais on le plaça à genoux,
on lui fit demander pardon à Dieu, comme on lui avait
fait dix minutes avant recommander son âme. — On lui

fit demander pardon aux hommes, au monde entier; il répétait les formules qu'on lui dictait. — Il déchira la page de l'album où il avait écrit ses noms et ses titres, et la brûla à genoux. — Enfin, il supporta sans mot dire toutes les expiations dont il était possible de l'accabler, et M. de L. C. termina en disant à ses compagnons : « A cet
» homme dont j'ai tenu la vie entre mes mains, à cet
» homme que j'aurais pu briser comme un verre en les
» ouvrant, — je donne un cinquième et dernier rendez-
» vous, dans huit jours, sur la montagne de la Flaigère, à
» Chamouni. — Mais vous verrez que le lâche ne viendra
» pas plus à celui-là qu'il ne s'est rendu aux autres ! » —
« Monsieur, — m'a dit la personne de qui je tiens ces dé-
» tails, — imaginez-vous que je perdis une seconde fois
» la tête lorsqu'il fallut trouver un moyen de reconduire
» ce malheureux anglais au bas de la côte de Balme. —
» Il ne pouvait faire un pas, ses yeux et ses jambes
» avaient le vertige, — ses lèvres décomposées ne s'en-
» tr'ouvraient qu'avec peine ; il fallut le porter. — Arrivé
» chez moi, je lui fis prendre un bain de pieds, il but
» des cordiaux, et ce ne fut qu'avec les plus grands mé-
» nagements qu'il put se remettre en route le soir de
» cette mémorable journée. » — Il est inutile d'ajouter que M. E.... de L. C. se rendit vainement sur la Flaigère : Hudson-Lowe n'y parut point. — N'est-il pas mort insolvable, il y a peu de mois ?

Si jamais, après avoir visité cette grotte, vous vouliez reposer votre pensée de ce lugubre souvenir, montez en passant par Saint-Martin, jusqu'au petit village de Chède, sur la route de Chamouni; — là, vous demanderez à voir la petite Alexandrine; c'est une *savoyarde* de sept ans, — la plus jolie enfant qui se puisse embrasser. — Je n'ai jamais vu de traits plus délicats, de physionomie plus fine et plus intelligente. — Je ne sais si elle a été remarquée avant moi, mais je la signale à tous les visiteurs du Mont-Blanc. — Lorsqu'on me dira qu'Alexandrine a été achetée à ses parents par une grande et riche dame qui n'avait pas de petite fille, je n'en serai pas surpris. — Je l'aurais enlevée moi-même, si j'avais osé. — Elle a des yeux qui ne disent pas seulement : « Faites moi apprendre et je saurai ! » — mais qui disent bien mieux : « Initiez-moi, et je devinerai. » — « Ils ne disent pas : « Accompagnez-moi dans les appartements de la science, et je les visiterai avec vous ; » — mais plutôt : « Donnez-moi les clefs, et j'ouvrirai bien toute seule ! » — Enfin, c'est une enfant qui arrêtera tous les peintres, qui fera songer tous les poètes et toutes les mères, et qui réaliserait dans un autre siècle un de ces contes de fées où les princesses et les reines commencent toujours par naître pauvres, dans la cabane d'un berger. — Après cela, ses destinées écrites sont peut-être fort ordinaires, et cette petite figure a tant d'innocence, qu'on en vient à penser que la sortir de sa sphère et lui ravir son ignorance et son obscurité, serait peut-être un grand crime devant celui qui a placé le bonheur d'Alexandrine au milieu de ses troupeaux.

Vous comprenez qu'il m'est impossible, dans ces lignes rapidement écrites sur une table d'auberge et quelquefois sur la pierre du chemin, de vous raconter les impressions diverses auxquelles ne peut échapper le voyageur qui gravit lentement les premières assises de la plus haute montagne d'Europe. Le rideau se lève graduellement sur une des scènes les plus majestueuses de la nature. La noblesse et les proportions hardies du spectacle élèvent l'imagination. A mesure que le corps se rapetisse devant ces immensités, les facultés de l'âme s'agrandissent et plongent en s'épanouissant dans un océan de pensées nouvelles. — Je connaissais d'enfance cette admirable page du chaos terrestre, mais je l'ai relue aujourd'hui avec une contemplation plus profonde, un étonnement plus enthousiaste et plus complet. Je ne fais qu'en prendre date maintenant, — plus tard je vous ramènerai sur ce terrain si fécond en nobles et puissantes inspirations.

De Chède à Servoz, et jusqu'à l'entrée de la vallée de Chamouni, — étendue comme un riche tapis vert sous les pieds frileux du Mont-Blanc, la route est une véritable allée de jardin anglais. — Le son triste, solennellement sauvage, et indéfiniment prolongé de la *Corne* des Alpes, — le grondement sourd et encaissé du torrent que vous n'entrevoyez qu'en tremblant au fond du précipice, vous ramènent seuls à la sévérité et à la rudesse de la situation. — Vous montez entre deux haies de sapins, de mélèzes, d'épicéas gigantesques, dont la racine est à vingt mètres plus bas que vos pieds, dont la tête est à vingt mètres au-dessus de la vôtre. L'air qui secoue sur votre passage ce double rideau d'éternelle verdure, est riche de senteurs primitives, d'effluves plantureuses, d'ondées vivaces et régénératrices. — La nature, où l'homme n'a pas touché, semble garder encore une large part des généreux trésors répandus sur les premiers jours de la création. — Il semble aussi que sa main prévoyante n'a déployé à droite et à gauche du visiteur dont elle devient l'hôte, une si magnifique et si épaisse draperie de feuillage, que pour voiler à sa faiblesse et à sa terreur les effrayants bouleversements, les cataclysmes titanesques, les ténares insondables sur lesquels la route est comme providentiellement suspendue. — Le bord du précipice est littéralement caché par les fleurs sauvages les plus variées, les plus riches de couleurs et de suaves parfums. — Soudain, à un dernier tournant que rien ne fait pressentir, on entre dans une plaine couverte de champs travaillés et de villages épars. Une population laborieuse coupe et serre les moissons ; au bruit des cascades se mêlent les cloches des troupeaux, l'*Angelus* des églises, les chants des bergers, le roulement des chars ; enfin, on a retrouvé la vie de l'homme et une sorte de civilisation animée à plus de *mille mètres* au-dessus du niveau de la mer. Il ne faut que cinq heures à pied pour parcourir dans sa plus profonde longueur cette oasis inattendue; elle n'a guère que vingt minutes de largeur : c'est la vallée de Chamouni. Les premiers voyageurs qui en ont parlé assurent qu'avant 1741 elle était entièrement inconnue au reste du monde. On parle toutefois d'un vieux parchemin retrouvé en 1855, qui démentirait cette assertion, et établirait positivement que Saint-François-de-Sales, évêque de Genève, évangélisa Chamouni en 1606, c'est-à-dire près d'un siècle et demi avant la prétendue découverte de cette vallée.

Elle est traversée par l'Arve, ruisseau-torrent qui s'échappe d'une immense grotte de glace à l'une de ses extrémités. — Au tiers de sa rive droite, est un village plus considérable que les autres, appelé Le Prieuré; c'est là que s'arrêtent les visiteurs. Des hôtels meublés et servis avec luxe y sont établis pendant la saison d'été. L'un d'eux est surmonté d'un belvédère, et voici la vue qu'on y découvre : — En face de vous, à quatorze mille huit cent soixante pieds au-dessus de la mer, s'élève le dôme de neige du Mont-Blanc; — à sa droite et à sa gauche, s'étend une chaîne de montagnes glacées dont le premier guide en Savoie vous dira les noms, car je n'ai le loisir, à cette heure, de vous parler de tout ceci, ni poétiquement, ni même statistiquement. — Les pieds de ces montagnes sont cachés par d'autres montagnes moins hautes, vraies pépinières d'arbres verts, entre lesquels se montrent quelques rares chalets de bois recouverts en pierres. — Trois immenses traînées de glace bleue descendent comme une lave refroidie et figée jusqu'au bord des champs cultivés de la vallée; une main invisible les soutient là, comme les flots au bord de la mer, car il semble que leur poids seul devrait les entraîner et leur faire broyer en un instant la vallée qu'elles menacent.

L'un de ces glaciers est appelé la *mer de glace*, à cause de son effrayante immensité et de la profondeur des abîmes qui s'effondrent entre ses vagues muettes et immobiles. — Sur l'une de ces vagues j'avais écrit mon nom en 1835. — Depuis lors, elle a dû être remplacée par d'autres, qui se fondront à leur tour et iront se mêler à des océans inconnus, pour revenir encore sous la forme de nuage, de neige et de glace, reprendre leur immobilité sur cet abîme toujours le même et toujours renouvelé. — Ceci me fait souvenir qu'Alexandre Dumas, passant il y a quelques années au Prieuré de Chamouni, se contenta d'écrire son nom et ses réflexions sur l'album où tous les voyageurs s'inscrivent. — C'était moins pénible que de faire l'ascension de la mer de glace, cela avait plus de chance de durée. — Cependant, mon nom a dû vivre plus longtemps que le sien, car des lois irrévocables ordonnaient au glacier de conserver ma signature jusqu'à l'hiver, tandis que peu d'heures après le passage du célèbre touriste, le précieux album était volé. — Revenons au panorama du Belvédère, ou plutôt disons en trois mots que les trois autres côtés de la vallée sont fermés par des montagnes d'un aspect si formidable et d'une continuité si hermétique, qu'on a peine à comprendre comment on a trouvé un passage pour pénétrer dans cette étrange prison, et une issue pour en échapper. — Mais la beauté du Mont-Blanc vous dédommage de la tristesse de ces impressions.

On s'oublie à contempler ce blanc désert isolé dans le ciel bleu, — désert si énorme qu'il envahit votre horison et fait croire à vos sens trompés que vous le touchez presque, si distant, en réalité, que le meilleur télescope fait à peine distinguer un homme à son sommet, par un homme déjà élevé de mille mètres au-dessus de la mer. — Les jeux de la lumière, les fantastiques reflets de la lune sont admirables sur ce vaste môle, et défient toute espèce de description. — Certes, *illi robur et œs triplex erat*, il avait une fière dose de courage et d'aventureuse curiosité, le premier qui forma le projet de gravir ce mont terrible ! — Tout le pays a conservé son nom : ce fut le docteur Paccard qui mit les pieds sur la tête du géant pour la première fois depuis la création, le 8 août 1786. — Le savant M. de Saussure l'y suivit à un an de distance. — Depuis lors, une quarantaine d'étrangers y sont montés à de rares intervalles. — Peu de noms français brillent sur cette liste ; on cite cependant M. le comte de Tilly, qui, le premier, a donné à ses compatriotes l'exemple de cette gloire inutile et le plus souvent funeste. — Après trois jours de fatigues inouïes, et lorsqu'on se croit à l'abri de tout danger, il ne s'agit de rien moins que de l'amputation des membres qui se sont gelés à votre insu et sans votre consentement.— Il est bon que vous sachiez qu'à cette hauteur, comme sur plusieurs autres sommets approchants, on voit réellement et sans calembour les étoiles en plein midi. — Cependant une française, Mlle d'Angeville, a tenté il y a six ans ce périlleux voyage, et l'a accompli avec un bonheur que ne méritait pas sa témérité. — Une femme nous disait, il y a cinq minutes, que Mlle d'Angeville n'aimait sans doute personne au monde, et n'était sans doute aimée de personne. — En face de pareils dangers si inutilement affrontés, je comprends cette pensée et la trouve juste. — Du reste, Mlle d'Angeville a donné à tous ses guides le spectacle d'un courage et d'un sang-froid admirables chez un homme; on regrette seulement que la dépense en ait été faite là, et on se prend à espérer que ce modèle, unique jusqu'à cette heure, restera sans imitatrice.

A l'heure où je vous écris, et sous mes fenêtres, trois jeunes savants choisissent leurs guides pour aller au Mont-Blanc dans huit jours. — L'un est un professeur de météorologie à la Faculté de Lyon, — un autre est le docteur Martin, de Paris, — j'ignore le nom du troisième (¹). — Ces messieurs veulent dresser une tente sur le sommet, pour s'y livrer à des observations scientifiques. — On ne se fait guère une idée de la masse d'instruments de toute espèce que nécessite une pareille expédition. — Il en faut un pour se procurer

(¹) MM. Bravais, Martin et Lepileur.

une respiration artificielle, un pour boire un liquide artificiel, un pour forcer les éléments conjurés à produire une étincelle; il en faut je ne sais combien pour conserver tout simplement le souffle, la chaleur et la vie. — Ajoutez à cela le chargement obligé de l'astronome le moins exigeant, et vous aurez un total étourdissant. — Pendant une bonne partie du voyage, celui qui porte un de ces instruments est lui-même porté par un autre instrument qui le suspend, une heure durant, sur un précipice incommensurable, dans lequel il flotte aussi longtemps que durera la corde de chanvre qui passe autour de ses reins. — Enfin, sachez que ces trois messieurs, dont les projets occupent en ce moment tous les loisirs de la vallée et des pays environnants, ont pris pour les accompagner, en outre des porteurs, trois guides et vingt-deux guides aspirants.

Quant à moi, j'éloigne, comme les pensées les plus mauvaises et les plus dangereuses, toutes les séductions au moyen desquelles l'inconnu vous tente toujours un peu; — un entraînement inexplicable vous attire aux cimes élevées, tout comme le vertige vous appelle aux gouffres ténébreux; il faut fuir les deux. — Je reporte mes regards sur tout ce que j'aime, j'abaisse ma pensée vers les heureux habitants de la plaine, — je distrais mon imagination par les collections de minéraux et de végétaux de toute espèce, que de patients naturalistes ont réunies dans de petits musées autour de mon hôtel. Ces merveilles de la nature retiendraient mon admiration des années entières; je puis les contempler sans danger pour moi, sans regrets pour les autres, et j'oublie sans mérite auprès d'elles de plus hautes velléités de touriste, qui aboutissent peut-être à faire écrire votre nom dans les journaux avec une faute d'orthographe, — mais qui, bien certainement, n'ont pas le sens commun, lorsque la science et le bien de l'humanité ne vous tracent impérieusement aucun devoir de cette périlleuse nature.

Cité d'Aoste, 18 août.

III.

Les Alpes —Saint-Maurice —Combat du Trient.—Martigny.
Route du Saint-Bernard.

La nature a des lois symétriques par lesquelles se régularisent et s'accomplissent uniformément ses catastrophes et ses bouleversements. — La révolte semble ne lui être permise qu'à des conditions qui donnent pour résultat une harmonie plus complète; — ses différents essais de désordre sont reliés entre eux par un ordre admirable, qui lui rend une beauté plus belle que la première beauté perdue. — Un feu souterrain trouble-t-il l'économie des couches horizontales de la terre, aussitôt une pyramide immense et majestueuse s'élève comme par enchantement pour recouvrir de ses larges assises les bouillonnements révolutionnaires du volcan. Ces monuments de triomphe, inégaux et isolés à intervalles, ou enchaînés entre eux par des guirlandes de neige, sont soumis à un ordre d'architecture tellement identique, sculptés sur un modèle si universellement le même, qu'on en vient à douter s'ils sont réellement le fruit des soulèvements intérieurs du globe, et à se demander s'ils ne font pas bien plutôt partie des premières magnificences de la création.

Lorsqu'on se place au sommet d'un mont assez élevé pour en commander beaucoup d'autres, ou mieux encore lorsqu'on embrasse d'un coup d'œil un de ces admirables reliefs dont je vous parlais dans ma première lettre, on est tout d'abord frappé de cette harmonie et de cette symétrie irrévocable. Choisissez au hasard une cime des Alpes, et descendez jusqu'aux pieds du colosse en l'accompagnant de l'œil dans tous ses développements, voici ce que vous trouverez : Une arête de rocher granitique aiguisée en lance, ou arrondie en dôme, le plus souvent recouverte de neige annuellement renouvelée, éclate seule dans le ciel bleu, ou s'entoure d'une couronne de nuages. — Ce roi de l'air a sa petite cour ; cette planète fixe à ses satellites immobiles : ce sont trois, quatre, ou même cinq autres sommets moins élevés que le premier, et qui se rattachent à lui par de petites gorges sauvages que les montagnards appellent des cols. — Lorsque ces cîmes subalternes sont disposées en rond autour de l'arête principale, elles produisent assez l'effet des dents aiguës de la couronne de Charlemagne gravitant autour de la croix de fer qui les surmontait. Il n'est pas rare qu'un, ou même plusieurs de ces cols, ne contienne, — comme un vase conique, — une assez grande quantité d'eau de source ou de glacier. — Quelques-uns de ces petits lacs, où les aigles seuls vont se désaltérer, n'ont pas moins de quatre kilomètres de circuit, et il en est dont la profondeur n'a jamais pu être mesurée avec certitude. — En partant du niveau de ces abîmes, les divers sommets du mont se réunissent et ne forment plus qu'un faisceau. Les rochers extérieurs n'ont plus de neige, seulement ils sont creusés en petites vallées perpendiculaires où descendent en lave bleue et blanche d'épaisses avalanches de glace.

L'extrémité inférieure de ces divers torrents cristallisés présente toujours un cratère béant, d'où s'épanche sans cesse une cascade écumante. — Alors commence la végétation ; — les rhododendrons en fleurs sont la première verdure apparente qui repose la vue. — Puis viennent quelques rares mélèzes, puis enfin les deux arêtes de chaque val perpendiculaire s'élargissent à droite et à gauche, se multiplient, se subdivisent, se palment comme les doigts de la main, et se recouvrent d'une chevelure touffue d'épicéas, de baumiers et de sapins argentés : — les pentes intérieures sont déjà moins rapides, les cascades se font ruisseaux, et se couchent à plat sur

des lits d'herbe rase, émaillée de mille fleurs sous alpines.
— Quelques habitations formées d'arbres entiers carrément enchassés dans leurs extrémités, s'aventurent comme des vedettes avancées sur des plateaux déjà moins sauvages. — Enfin s'ouvrent de toutes parts de longues vallées, retrécies d'abord, puis épanouies en éventail ; des villages entiers, des églises, de petites villes parfois s'y reposent à l'ombre ; chaque source du glacier devenue petite rivière festonne le pays d'un miroitant ruban d'argent. Encore un peu de temps et d'espace, et la rivière deviendra fleuve, et le fleuve, après avoir fécondé les plaines, ira se fondre dans l'Océan. — Quelquefois, au contraire, arrivée à son plus grand milieu, la vallée se retrécit de nouveau et remonte en pointe vers d'autres montagnes qui, l'enserrant alors circulairement, lui donnent la forme d'un nid posé entre les embranchements noueux d'un chêne. — Souvent aussi la succession d'une arête principale est brusquement interrompue et comme coupée au couteau, ce qui donne lieu à des effets bizarres, inattendus, et oblige les torrents à se précipiter d'un seul bond à plus de cinq cents mètres de profondeur. — A part ces accidents, qui font exception, la nature suit toujours la marche précédente.
—Ainsi, un homme placé au faîte d'un mont, voit tout autour de lui s'ouvrir d'étroites gorges qui aboutissent à de larges vallées ; tout autour de lui partent de minces filets d'eau qui vont se grossissant et ralentissant leur course jusqu'à l'horizon. — A sa gauche, il a un fleu-

ve qui va au couchant ; à sa droite, il en a un qui remonte vers le levant. — Ici, il voit naître le Rhône, qui se hâte vers la Méditerranée ; là, il écoute les premiers flots du Rhin qui se poussent et se heurtent jusqu'à l'Océan Atlantique. Comment donc croire que les montagnes soient un désordre introduit dans l'organisation primitive du globe, puisqu'elles contiennent dans leurs flancs inépuisables la source de toutes nos richesses ?

Voulez-vous remonter avec moi de l'embouchure d'une de ces vallées jusqu'au col le plus élevé des monts arides qui la dominent ? — Ce col a son lac noir comme de l'encre, à cause de l'éclat des neiges environnantes, et c'est au bord de cette eau sauvage et solitaire, à deux mille cent quatre-vingt-treize mètres au-dessus de la mer, qu'un religieux nommé Bernard de Menthon, fonda, vers le milieu du dixième siècle, le couvent qui porte encore aujourd'hui le nom d'Hospice du Saint-Bernard. Mais nous aurons tout le temps d'y arriver, et je vous parlerai de Saint-Maurice, qui en est encore à une douzaine de lieues, et où cependant la route commence déjà à monter. — La ville de Saint-Maurice, dont les petites dimensions ont parfois contenu de grandes destinées, doit son nom au chef de la légion Thébaine, qui y souffrit le martyre avec ses six mille soldats, la seconde année du quatrième siècle. — Avant cette époque, les Romains l'avaient déjà choisie comme un lieu de sépulture pour ceux des leurs qui mouraient sur le champ de bataille. De nombreuses traces de monuments romains attestent leur longue domination sur ce petit pays du Rhône, qui fait aujourd'hui partie d'un canton helvétique, et qu'on appelle le Bas-Valais. — Le seul édifice remarquable est une abbaye de religieux Augustins; elle passe pour être la première et la plus ancienne des Alpes. On trouve dans l'église de cette abbaye des scènes féodales en pleine vigueur : ainsi, le prieur abbé porte le titre et les insignes de comte; il exerce encore certains petits droits de souveraineté; il officie avec la crosse et la mitre; seulement, au lieu de chevaliers de fer agenouillés devant lui, il n'a que des montagnards illettrés, mais robustes, et qui chasseraient leur abbé comme un chamois s'il s'avisait de vouloir prendre au pied de la lettre les titres plus que jamais honoraires que ses puissants prédécesseurs lui ont transmis. — Son comté doit probablement se trouver dans les montagnes de Bethléem, dont le pape vient tout récemment de le nommer évêque *in partibus*. — En même temps que de ses titres, le Prieur abbé à hérité d'un vase sarrasin donné par Charlemagne, et d'un calice que la reine Berthe acheta du produit des quenouilles filées par Sa Majesté.

Différents rois se sont retirés ou ont séjourné dans l'abbaye de Saint-Maurice. L'un d'eux, Childéric, roi de Bourgogne, ne sortit de cet asile que pour aller rejoindre au fond d'un puits les restes meurtris de sa femme et de ses deux enfants. — Aujourd'hui, le Rhône passe bien toujours à Saint-Maurice, mais les rois n'y passent plus. — Une révolution elle-même voulut y entrer il y a deux mois, et trouva la porte fermée. — Par exemple, les rochers voisins n'ont pas dit leur dernier mot ; il est possible qu'ils se préparent à traverser la ville au moment où elle s'y attendra le moins. Le 28 août 1855, dans la matinée, j'entendis un épouvantable craquement du côté de Saint-Maurice, dont je n'étais qu'à cinq kilomètres. — Ossa reprenant de vive force sa place sur Pélion, le chaos tout entier précipité dans la mer, n'eussent point rempli les vallées d'une plus formidable détonation. — C'était tout bonnement une belle et haute forêt de sapins, qui, voulant se baigner les pieds dans le Rhône, trouva commode et nouveau de descendre en un seul bloc sur la rive gauche du fleuve.— Malheureusement, elle n'avait pas calculé que cette petite promenade de santé enverrait à tous les vents les moissons, les chaumières, et généralement ce que la main de l'homme avait eu la hardiesse de placer sur sa route. — Cette forêt, mécontente de sa position sur les hauteurs, avait jugé convenable de se faire escorter par des rochers dont quelques-uns avaient jusqu'à quatre-vingt-dix-sept mètres cubes. — Deux événements semblables ont eu lieu dans le XVIIe siècle, à peu près au même endroit.

A quelque distance de cet éboulement, toujours en remontant la vallée sur la rive gauche, s'échappe, en magnifiques nappes de gaze transparente, la célèbre cascade de Pissevache. Je constate sa réputation ; il en est beaucoup d'autres que je préfère, et dont je vous parlerai en leur lieu. — Peu après, on trouve le hameau de

Vernay, à moitié incendié dans un essai de guerre civile ; puis un pont couvert, sous lequel passe le noir et funeste ruisseau du Trient, dont le cours torrentueux n'a guère qu'une vingtaine de mètres de largeur.—C'est là, c'est sur ce pont, c'est dans ce ruisseau, que se sont accomplis les derniers événements du Valais, si peu connus en France, que très-peu savent au juste et pourquoi et comment on s'est battu. — Se battre en Suisse ! s'entretuer, entre compatriotes, sur un sol où tout porte à la paix, à l'amour de la vie et du pays ! — Et cela, non pour mettre une république à la place d'un roi, non pour la forme d'un gouvernement, mais pour réaliser une utopie dont la simple exposition eût embarrassé le plus intrépide de ses défenseurs.

Il faut remonter à l'origine des choses. — Il y a déjà plusieurs années qu'il existe au Valais un parti mécontent qui désirerait troquer son gouvernement, dont il ne fait pas partie, contre un autre gouvernement tout semblable, mais qu'il se plairait à composer de sa chair et de ses os.—Ceci est tout naturel, et n'a pas même le mérite de la nouveauté. —Ce parti s'est organisé en comité ; ce comité a formé des sections dans le Valais et dans deux ou trois autres cantons ; ces sections se sont armées à petit bruit.—Leur affaire allait bon train, et franchement ils n'avaient pas grand mérite, si vous en jugez par le fait suivant : Quelques-uns de leurs chefs, propriétaires dans le pays, ont eu l'idée toute simple de se faire couler, à leur intention et pour leur usage quotidien, celui-ci un canon, celui-là un mortier, l'autre une bonne caronade de siége. — Ils plaçaient ces enjolivements dans leur jardin, et ce bon et paternel gouvernement du Valais trouvait cela tout aussi naturel qu'un jet d'eau, un faune sauvage ou une statue d'Ariane.—Chacun est bien libre de se faire construire un petit bateau pour aller sur l'eau, un petit tilbury pour aller à la ville; pourquoi chacun ne serait-il pas également libre, dès l'instant que ses moyens le lui permettent, de se procurer un bel et bon petit canon? — Que deviendrait la liberté de la chose publique? — Mais par hasard, — et ceci est de la fatalité, — il est advenu que tous ces gentils ornements de propriétés privées se sont trouvés encombrer la voie publique à qui mieux mieux, et si bien, qu'on ne pouvait plus passer. — En outre, ils étaient chargés, et jusqu'à la gueule bourrés de poudre, qui, soudainement jetée aux yeux du gouvernement, a eu encore assez d'heureuse chance pour les lui faire ouvrir, et son étoile a voulu que ce ne fût pas trop tard.

Donc, un beau matin du joli mois de mai de la présente année, le tambour retentit dans l'unique rue de l'ancien bourg romain de Martigny, — toujours sur la route de Saint-Maurice au Saint-Bernard. — Les habitants, à demi-réveillés et à moitié nus sur leurs portes, se demandaient ce que pouvait être cela. — Le gouvernement lui-même faisait comme les habitants, et s'interrogeait. — Cependant, la générale avait déjà aggloméré sur la place un groupe de gens armés, qui, trouvant leurs canons très-mûrs, étaient bien aises d'en faire goûter aux autres. — Ce premier noyau avait nom *la Jeune Suisse*, et le signe de ralliement des hommes qui le composaient était une simple feuille de lierre attachée au bras gauche. Cet emblème s'accordait peu avec le programme de leurs opérations. — La jeune Suisse avait cela surtout de remarquable, qu'elle se recrutait de gens très-mûrs pour la plupart, et aussi peu suisses que possible. — Mais le nom ne fait rien à la chose. — La troupe se met en campagne, se grossit, reçoit dans son sein le contingent d'autres troupes également et aussi peu mystérieusement formées à point nommé, et tout cela se met en devoir de prendre la ville de Sion, capitale du Valais, et siége du gouvernement ambitionné. — Celui-ci se présenta poliment, sous la forme d'un vieux et noble général qui a jadis servi en France, et que j'ai eu l'honneur de croiser hier au soir dans les solitudes glacées qui conduisent au Saint-Bernard. — Il objecta, — pour raison de ce qu'il ne cédait pas immédiatement la place, — quelque chose comme cinq à six milliers de carabines allemandes, parfaitement rayées, mises à piston d'après le système le plus récent, et tuant un chamois à deux mille pas de portée, à la corne du pied ou à celle de la tête, — au choix du spectateur. — Ce sur quoi la jeune Suisse trouva que des feuilles de lierre étaient un costume par trop léger pour assister à cet exercice, et qu'il lui fallait encore mettre beaucoup d'ornements dans les jardins de ses chefs. — Elle se retira, prit dans sa retraite une excellente position, et n'ayant pu la conserver, elle redescendit la plaine et fut souper à Martigny après avoir brûlé un pont.

Quelques Hauts-Valaisans, satisfaits de l'ordre de choses actuellement établi, tournèrent la plaine par des sentiers de rochers; les *Vieux Suisses*, car ils avaient pris ce nom qu'on leur avait laissé, descendaient à pas de loup de leurs chalets, sans avoir été sommés de descendre, mais seulement par instinct de conservation et de défense, — comme les anciens Cantabres lorsqu'ils aperçurent les cohortes romaines aux pieds de leurs montagnes. — Ces nouveaux chouans se réunirent pendant la nuit, au nombre de huits cents, sur un roc vif élevé de trente à quarante mètres sur la route de Saint-Maurice à Martigny. Cette position commandait le pont du Trient, par où il fallait nécessairement passer pour aller à Saint-Maurice. — Le Trient rejoint à angle droit le Rhône, qui, profond et rapide en face, gardait longitudinalement et sérieusement l'étroite plaine. — Ils attendaient là. — De son côté, la Jeune Suisse, repoussée à Sion, fondait les plus vives espérances sur Saint-Maurice, et voulait même, assure-t-on, faire au révérend abbé une visite que celui-ci n'aurait jamais pu leur rendre. — On dit encore beaucoup d'autres choses dans le pays; mais les hommes gagnent si peu à être méchants, et il sert à si peu de croire qu'ils le soient autant qu'on le dit, que le mieux est de laisser tomber tous ces bruits. — Quoi qu'il en soit, les Jeunes Suisses quittèrent Martigny à deux heures de la nuit et prirent la route de Saint-Maurice. — Les Vieux Suisses n'entendant rien, dormaient de leurs mieux contre leurs rochers. — Les feuilles de lierre allaient donc passer sans encombre, légères comme la brise, et songeant déjà à se métamorphoser en feuilles de chêne et de laurier. — C'en était fait de la patrie, sans un jeune gars qui, trouvant la nuit belle, alluma sa pipe à la clarté des étoiles. — Ce fut l'oie du Capitole.

La Jeune Suisse, qui passait le pont du Trient, voyant un petit feu scintiller sur le rocher, y envoya à tout hasard un premier boulet. — Celui-ci arriva de plein fouet contre un petit rempart de planches qui vola en éclats, sans que le fumeur qui était derrière en fût atteint. — Soudain les Vieux Suisses se levèrent de leur sommeil, et commencèrent du haut en bas, dans l'ombre, et dans la direction du pont couvert et du torrent, un feu roulant terrible qui dura deux heures entières. — Ils n'avaient pas de canons, mais leur position était magnifique, tandis que la Jeune Suisse, malgré le bonheur de son coup d'essai, lançait à l'aventure ses balles et ses boulets. — Le jour naissant dessina franchement la position respective des deux partis. — Les chefs de la Jeune Suisse voulurent repasser le Trient; mais le pont était déjà coupé : il fallut se hasarder dans les flots, excessivement rapides, et beaucoup se noyèrent ou furent tués en traversant.

Quelques officiers avaient eu l'imprudence de prendre

un costume militaire pour se distinguer de leurs soldats; ils ont tous payé de leur vie cette fatale distinction. — Deux d'entre eux, MM. de Nucé et de Verra, étaient, au dire des journaux français qui en ont parlé à l'époque, deux officiers italiens qui, passant fortuitement en Valais, s'étaient battus par partie de plaisir et sans autre préméditation. — Mais ce fait est erroné : ces deux jeunes gens appartenaient à d'excellentes familles du Valais, d'autant plus à plaindre aujourd'hui, qu'elles ne partageaient en rien les opinions de leurs enfants. — Combien la guerre civile est un fléau bien autrement terrible que la peste! — L'une cesse et tout est dit, on ne pleure que les morts; l'autre, au contraire, laisse des haines vivaces, des vengeances héréditaires, une inextinguible soif de représailles. On raconte que vers la fin du combat, les Vieux Suisses étaient descendus de leurs rochers afin de poursuivre les fuyards, et un commencement de mêlée à l'arme blanche ayant lieu, M. de Nucé fut entouré par les carabiniers. Serré de près, et voyant sa cause perdue, il dit : « Je me rends! » — Les Vieux Suisses, qui avaient fondu sur lui, baissèrent aussitôt leurs armes. — Mais lui, se redressant et profitant de leur bonne foi, les attaqua à l'improviste. — Ce fut alors qu'un carabinier, indigné de cette trahison, et voulant venger ses frères d'armes, lui déchargea, presque à bout portant, sa carabine au front.

Cent-quatre *Jeunes Suisses* ont péri dans cette matinée. Sur ce nombre, un bon tiers s'est noyé en voulant repasser le torrent ; il y a peu de jours encore, on a retrouvé des corps dans le Rhône ; les autres ont été jetés pêle-mêle dans un trou fait à la hâte et comblé avec des pierres. — Et le Trient n'en descend pas moins la vallée. — Si j'en avais le loisir, je vous dirais vers quelles réflexions étranges m'entraîne toujours cette impassible stabilité de la nature, qui assiste indifférente aux luttes de l'homme, à ses grandeurs, à ses souffrances ; qui le voit passer et disparaître, et n'en montre pas moins à ceux du lendemain le front riant qu'ont aimé ceux de la veille ! — Un ciel bleu sur un champ de bataille, quoi de plus triste ! Jamais l'impuissance et le néant des hommes n'apparaissent si fortement.

Quant aux *Vieux Suisses*, on ignore le chiffre de leurs morts, qu'ils ont cachés dans des cavités de rochers. — On sait seulement qu'ils n'ont pas eu de blessés, attendu que toutes les balles de leurs adversaires étaient, — dit-on, — empoisonnées, et ne pouvaient frapper impunément. — Du reste, ils se sont emparés des canons et des munitions que la fuite des *propriétaires* a laissés à leur entière discrétion. — Ceux-ci sont provisoirement réfugiés dans le canton de Vaud : un tribunal est établi pour les juger par contumace. — J'ai dit *provisoirement*, car d'après les renseignements assez détaillés qu'on m'a fournis, ce ne serait pas une paix complète, mais une trêve momentanée. — Un nombreux parti s'armerait ; les Polonais, qui se trouvent partout, excepté en Pologne, ne seraient pas étrangers à cette nouvelle coalition. — D'autre part, le

Valais demanderait au roi de Sardaigne une intervention active. On va même jusqu'à supposer qu'il se détacherait entièrement de la Confédération suisse, contre laquelle il a des griefs religieux et politiques, pour se réunir aux États sardes, dont il est limitrophe du côté des Alpes pennines.

A une demi-heure du funèbre torrent, on est dans la ville de Martigny, où commença l'insurrection. — Elle n'a de beau que sa position sur le confluent du Rhône et de la Dranse, et à l'angle de deux vallées, dont la plus grande, *Vallis,* a probablement donné son nom à tout le pays. — Une route droite comme un I la traverse dans toute sa longueur jusqu'au château crénelé de Sion. — Au-dessus de Martigny, est un fort romain à moitié détruit dans le XVIe siècle. — La hauteur sur laquelle il était bâti commandait non-seulement les deux vallées, mais encore le passage étroit de la Dranse, torrent qui descend du Saint-Bernard après avoir subi les mutations uniformes dont je vous parlais en commençant. Depuis Martigny jusqu'au glacier qui l'alimente, il roule avec fracas au fond d'une étroite gorge de plus en plus profonde à mesure que la route monte, — et dans un parcours de plus de trente kilomètres. — Pour le côtoyer, il faut souvent voir de près ce que sont les précipices. Je ne vous le décrirai pas; mon idée première me sert ici à merveille : toutes les gorges de montagnes, tous les torrents qui les creusent étant les mêmes d'après un principe donné, il suffit d'en voir un pour en avoir vu mille ; et qui n'en a pas vu ?

Nous avons fait cette route de notre petit pied, le sac sur le dos et sans guide; — je l'avais déjà faite, il y a neuf ans, et ce sont de ces chemins qu'on n'oublie guère. — A une heure, nous étions au bourg d'Orsières, où nous avons trouvé du lait, du beurre et du miel excellent. — C'est le délicieux miel de Chamouni, miel blanc et ferme comme les neiges au pied desquelles on le récolte, miel que M. de Chateaubriand nous dit être bien supérieur au miel sacré du mont Hymette. — Je vous prie de croire qu'il n'a aucun lien de parenté avec celui de Narbonne, que je déteste cordialement. — D'Orsières à Saint-Pierre, maigre hameau de trois cents âmes, le pays se resserre et s'assombrit, les nuages s'abaissent sur votre tête, la végétation est si faible, que le peu de blé qu'on y récolte n'est pas mûr avant la fin de septembre. — On le sème et on le moissonne dans le même mois; il faut la révolution de l'année entière pour qu'il arrive à un semblant de maturité, que souvent il n'atteint jamais.

La plupart des indigènes portent encore le costume du milieu du XVIIe siècle : le chapeau à deux cornes, posé de côté sur des cheveux bouclés; de larges habits de couleur brune, à taille excessivement longue, à basques larges, courtes et battant sur les mollets; gilet boutonnant droit et recouvrant tout l'abdomen; culottes courtes, serrées à la jarretière et retenues un peu au-dessous du gilet par un seul et énorme bouton; enfin, souliers ronds à la Mascarille, ne manquant pas d'une sobre élégance, et fermés sur le coude par une large boucle d'argent. — Cet ensemble, qu'ils relèvent encore par une certaine désinvolture et ampleur de démarche, est beaucoup plus satisfaisant à l'œil que nos modes écourtées, étriquées, asphyxiées, sans grace aucune et sans dignité. — En quittant Saint-Pierre, on voit à droite sur la route, à plus de cinquante mètres des rochers perpendiculaires au-dessus de la Dranse, une pierre plate sur laquelle Napoléon glissa le 18 mai de la dernière année du siècle dernier. Un guide, paysan de ces montagnes, le saisit par le pan de sa redingotte, et sauva ainsi, au péril de sa vie, le futur vainqueur de Marengo.

Le jour commençait à baisser lorsque nous sommes arrivés aux derniers châlets habités, isolés et perdus au fond d'un noir plateau appelé le *Plan de Prou*. — De là jusqu'à l'Hospice, nous avons eu un moment pénible, je l'avoue. — Nous montions lentement sur des pierres à moitié mobiles, superposées, et déjà glissantes à cause des nuages épais qui nous entouraient de toute part. Une bise froide, aiguë, opiniâtre, nous obligeait en quelque sorte d'assiéger et d'emporter de force chaque marche de ce redoutable escalier. L'humidité nous pénétrait jusqu'à la moelle des os, et nous ne pouvions respirer qu'en interceptant l'air par un mouchoir collé sur notre bouche. Bientôt, l'espèce de sentier qui nous servait de guide a disparu sous la neige, dans laquelle nous sommes entrés jusqu'aux genoux. — Le froid était devenu si vif, qu'il nous restait à peine dans les doigts la vigueur nécessaire pour retenir nos manteaux contre le vent. — Cependant, nous ne perdions pas courage, nous nous relevions rapidement des chutes fréquentes que déterminaient les glaces déjà prises à nos chaussures ; mais la nuit et la brume s'épaississaient de plus en plus, et il devenait à peu près impossible de distinguer les grands pieux jalonnés à distance pour indiquer la route au voyageur égaré. — D'ailleurs, cet océan de neige éblouit tellement la vue, qu'au bout de peu d'instants, cet admirable organe, généralement considéré comme assez utile pour l'usage habituel de la vie, devient un non sens et une superfétation.

Mon compagnon de voyage et moi nous entendions à peine parler, et ne nous apercevions pas le moins du monde. — Bientôt se présenta devant nous un mur de neige dont la hauteur ne put être appréciée. — Impossible de l'escalader ; nous nous étions sans doute trompés de route. — Et comment revenir sur nos pas ? où les retrouver ? — Une arête noire de rochers, taillée en paravent, nous parut l'île de Robinson. — Nous eûmes assez de chance pour y arriver et nous coller fortement contre, du côté opposé à la tourmente. — Là, réunissant ce que douze heures de marche et une température scandinave nous avaient laissé de poumons, nous poussâmes par trois fois des hurlements sauvages, qui auraient fait envie aux naturels des îles Taïti. — Aussitôt nous vîmes apparaître une quinzaine de cavales errantes, dont les têtes sortaient du nuage, comme le sauteur Franconi au moment où il perce le tambour de papier. — Leurs yeux brillaient dans l'ombre, — leurs naseaux flairaient avec bruit ; mais nous leur parûmes sans doute redoutables, car à peine nous eurent-elles entrevus, qu'elles s'enfuirent avec effroi. — Puis il en vint une trentaine d'autres, qui se retirèrent tout aussi épouvantées. Cependant, la nuit était complète, et le thermomètre devait offrir quelque chose comme cinq ou six degrés au-dessous de zéro. — Nous voulûmes interroger les sonneries de nos montres : l'huile était gelée dans les ressorts. — Mon compagnon et moi songeâmes alors qu'il pouvait être environ huit heures, et que, par cette adorable soirée du mois d'août, devait circuler à grand'-peine sur le Prado la foule compacte des promeneurs altérés, et des brunes andalouses cherchant en vain un souffle d'air dans l'atmosphère torréfiée.

Cité d'Aoste, 19 août.

IV.

Hospice du Saint-Bernard

Nous allions faire un second essai de nos forces, et jeter de nouveaux cris dans la tempête, lorsque nous aperçûmes un homme à deux pas de nous. — C'était le gardien des cavales qui en chassait plusieurs devant lui. — Il nous remit promptement dans la bonne voie, car on doit bien appeler ainsi les trous qu'il nous montra sur la neige. La mauvaise voie nous eût infailliblement conduits, avec quelque avalanche, au fond d'un abîme de glaciers. — L'intensité de la brume diminua peut-être un peu, et nous permit de voir que nous passions à côté d'une petite cabane de trois à quatre mètres carrés, et qui porte le nom d'Hôpital. — Cependant, cet asile ne reçoit jamais de malades ; mais, de temps immémorial, on y couche, sur le sol nu, les cadavres des voyageurs inconnus que la fatigue ou le froid fait succomber sur la route pendant la saison d'hiver. — On leur laisse les vêtements qu'ils portaient à leur dernière heure, afin qu'ils puissent être plus aisément reconnus par ceux qui viendraient réclamer leurs restes. — Mais hélas !... combien sont là dont les mânes n'ont jamais eu cette dernière consolation ! — Quelle affreuse sépulture que celle de ce désert des Alpes ! — Les corps de ces malheureux ne sont jamais recouverts de terre ; à cette hauteur, le froid est si sec, qu'ils se conservent de longues années sans que la décomposition les altère. — Nous passâmes rapidement devant ces pierres désolées, où la nuit ne nous permettait du reste de rien distinguer. — Après avoir traversé un pont de rochers appelé le *Nudri*, nous franchîmes une dernière plaine de neige; bientôt, nous sentîmes la route un peu plus battue sous nos pieds, et notre courage physique n'était pas tout à fait épuisé, lorsque nous entrevîmes à portée de la main, et fantastiquement exagéré par la transparence du nuage et l'optique de la nuit, l'hospice si ardemment désiré et si laborieusement atteint.

Ce n'est pas sans bonheur qu'on touche la première pierre de l'escalier extérieur qui conduit au rez-de-chaussée. — Car la porte d'entrée n'est point au niveau du sol ; pendant l'hiver, elle serait infailliblement murée par la neige dans l'espace d'une seule nuit.

Je ne saurais vous dire avec quel empressement, avec quelle bonté nous fûmes accueillis par les religieux. — A la vérité, au fond du vestibule noir où le portier nous introduisit d'abord, nous entendîmes bien quelques sourds grognements dans l'ombre ; je crus même comprendre qu'une énorme tête de chien nous reconnaissait d'un peu près ; mais nous fûmes bientôt hors de toute atteinte, dans un petit salon où pétillait un bon feu résineux. — Très-peu de personnes savent au juste avec quel plaisir on se chauffe au beau milieu du mois d'août. —La tempête sifflait à son aise sur les vitraux de l'hospice, les rafales d'un mois de décembre grondaient au faîte de l'heureuse cheminée sous laquelle nous commencions à retrouver la chaleur et la vie. Quel bien-être ineffable de se fermer dans des vêtements chauds et moelleux et de voir fumer devant soi des habits transpercés et raidis par la gelée !.... Avec quel contentement ne repasse-t-on pas en idée le trajet difficilement parcouru et si heureusement accompli !

On nous fit servir une collation frugale ; c'était un vendredi : une sorte de potage réchauffant, en partie composé avec du lait, des beignets d'une pâte dont j'ignore la composition, mais qui nous parurent excellents, de petits pruneaux de montagne cuits dans du vin sucré, des noisettes et des figues sèches.— Songez que l'habitation du

Saint-Bernard est la plus haute de l'Europe, que toutes les provisions de l'année s'y font pendant les quatre seuls mois d'été, que l'on n'y brûle pas une seule branche de sapin qui ne vienne de seize kilomètres plus bas que l'hospice, et qu'enfin il ne faut pas aux religieux moins de soixante chevaux pour transporter pendant la belle saison, sans relâche, même le dimanche, les munitions de toute espèce qui doivent servir à secourir et à héberger les voyageurs. Les troupeaux de cavales que nous avions rencontrés appartiennent à l'hospice. — Un religieux vint nous faire les honneurs du salon, et causer avec nous une partie de la soirée, avec une grâce parfaite et une bienveillance hospitalière et affectueuse. — On nous conduisit enfin, par les longs et silencieux corridors du cloître, dans une double cellule parfaitement disposée pour le repos et la tranquillité des visiteurs fatigués.

Le lendemain matin, le réveil nous parut être la continuation d'un rêve. Nos yeux étaient à peine ouverts, que déjà nous entendions les graves mélodies de l'orgue mêlées aux voix mâles et sévères des moines; il est difficile de peindre l'immense effet produit par cette harmonie religieuse au milieu des sauvages solitudes de cette cime des Alpes. — Les vibrations du cantique sacré retentissent avec éclat sur ces rochers sonores, d'où l'écho semble ne pouvoir les reporter qu'au ciel. En ouvrant nos fenêtres, nous fûmes agréablement surpris par le soleil le plus éclatant qui ait jamais brillé sur un désert de neige. — Le ciel et le petit lac étendu aux pieds de l'hospice étaient de l'azur le plus foncé, les glaces resplendissaient et rayonnaient de mille feux; la nuit avait opéré des prodiges, car il y avait loin de cette magnificence du jour naissant à l'horreur froide et funèbre de la veille. — L'office du matin n'était pas terminé lorsque nous pénétrâmes dans la chapelle par la galerie des orgues. Ce monument est orné intérieurement avec un luxe qui étonne quand on se rend compte de toutes les difficultés qu'on a dû surmonter pour transporter à cette hauteur des marbres, des tableaux, des cadres dorés, des sculptures de chêne, et jusqu'aux moindres accessoires du culte. — Il y a dans le chœur une douzaine de stalles pour les religieux, et dans la nef autant de bancs, où par les beaux jours d'été quelques montagnards viennent entendre la messe, depuis moitié montagne au moins. — Il y a cinq autels, dont plusieurs sont parés avec une grande richesse et rappellent le style des décors religieux espagnols. — Dans une chapelle à droite, est figuré le corps d'une jeune martyre. Le squelette authentique est recouvert de cire; la tête, les bras et les mains sont à découvert, et cette œuvre, faite en Italie, est si admirablement achevée, que la première impression qu'on en reçoit est un sentiment de doute et d'illusion. — Les yeux sont saisissants, et les lèvres entr'ouvertes laissent voir deux rangées de dents parfaitement blanches, entre lesquelles on croit sentir passer le souffle de la vie. — A gauche, en entrant, et presque sous les orgues, est un tombeau de marbre blanc sur lequel on lit ces simples mots :

Desaix, tué a Marengo.

Sous ce marbre est placé le corps du guerrier. — A de longs intervalles dans les siècles, le Saint-Bernard a vu passer quatre hommes dont l'épée a joué un bien grand rôle dans les destinées du monde : Annibal, Charlemagne, Barberousse, et Napoléon. — Le dernier seul a laissé de nombreuses traces de son héroïque et périlleuse audace. — A défaut des monuments qui en subsistent encore, les souvenirs traditionnels des moines attesteront à la postérité combien fut bon et vraiment généreux pour cet hospice celui qui sut y faire reposer, dans l'espace de six jours, plus de cent cinquante mille soldats. — Le premier consul avait promis aux religieux une route qui devait être praticable en toute saison; le règne de l'Empereur ne fut pas assez long pour que ce projet pût s'accomplir après l'accomplissement de tant d'autres. — Le portrait de Bonaparte, ainsi que les gravures du passage de l'armée au col du Saint-Bernard, se retrouvent plus d'une fois sur les murs des chambres et des salons. — Au premier plain-pied de l'escalier, une magnifique plaque de marbre noir, longue de près de trois mètres sur une largeur d'un mètre et demi, est adossée contre le mur qui fait face à l'hôte arrivant, et contient l'inscription suivante :

Napoleoni primo Francorum imperatori semper augusto,
Reipublicæ Valesianæ restauratori semper optimo,
Ægyptiaco, bis Italico semper invicto,
In monte Jovis et Sempronii semper memorando,
Respublica Valesiæ grata II Decembris anni MDCCCIV.

Il faut savoir que le Saint-Bernard portait, avant la fondation de l'hospice, le nom de Mont-Joux, plus anciennement *Mons Jovis.* — Les Romains y avaient construit un petit temple à Jupiter. — Des fouilles, dirigées sur l'emplacement de ce temple, ont fait retrouver des médailles de bronze, de petites monnaies et des figurines en terre cuite, que les religieux conservent dans un cabinet de minéralogie et d'antiquités.

Le passage de l'artillerie sur le Saint-Bernard fut un tour de force qui ne se renouvellera probablement jamais. — Les pièces furent démontées au bourg de Saint-Pierre, des sapins furent abattus, on en fit comme d'énormes brancards dont chaque extrémité reposait sur plusieurs mulets. — On plaça les canons sur ces brancards, et les affûts, privés de leurs bouches, furent tirés à bras ou portés par les soldats avec un enthousiasme dont parlent encore avec rayonnement les anciens du pays. — Ce fut cet enthousiasme qui, le 14 juin suivant, fit reculer, dans les plaines de Marengo, la confiance orgueilleuse des troupes autrichiennes.

Depuis quelques années, les religieux ont transporté un peu de terre dans une cour du couvent. Du 15 juillet au 15 septembre, lorsque la saison est favorable, ils essaient d'y faire venir quelques feuilles de laitue; mais il arrive souvent que la graine ne germe pas. Cependant, lorsque ce petit jardinage de six pieds carrés peut réussir, leur vue se repose avec plaisir sur ces trois ou quatre brins de verdure étiolés, maigrement venus, mais enfin les seuls qu'ils puissent apercevoir dans tout leur horizon.

Les chiens du Saint-Bernard et les services qu'ils rendent sont trop bien connus de tout le monde, pour que j'en parle ici. — Je dirai seulement que leur espèce a dégénéré; ce ne sont plus les magnifiques animaux que j'avais caressés il y a neuf ans, et les quatre derniers qui survivent n'ont même pas la beauté de la race qui existe dans nos Pyrénées. — Leur instinct lui-même a faibli; il leur faut un second mouvement et un instant de réflexion avant qu'ils se décident à accueillir favorablement un étranger. — Cependant, ils sont encore parfaits de dévouement pendant l'hiver; leur spécialité consiste surtout à tracer rapidement et en ligne la plus courte, sur la neige, le chemin qui doit conduire le frère *Maronnier* au voyageur en danger. — Toutefois, la neige intercepte si hermétiquement les évaporations de la vie animale, que le nez des chiens ne peut souvent préciser l'endroit où le voyageur est enterré sous l'avalanche.

Alors, si la neige a repris son niveau, si aucune perturbation ne subsiste à sa surface, le malheureux qui vient d'être englouti est à peu près perdu.—Aussi existe-t-il à côté du couvent une seconde *Morgue*, plus spacieuse que celle de l'*hôpital*, et qui offre un des spectacles les plus tristes qu'il soit donné à l'humanité de contempler. — Comme plus bas, les corps s'y conservent intacts de longues années, le sol est jonché des ossements les plus anciens. — Quelques cadavres sont appuyés contre les murs, presque tous ont la tête fortement inclinée vers une épaule, et leurs traits ont conservé les contractions de la douleur et des angoisses de la faim. — Un soldat à demi-étendu sur son sac, et laissant retomber sa tête sur ses deux mains accrochées à son arme, une jeune femme serrant convulsivement et dans une dernière étreinte son enfant mort entre ses bras, deux frères qui s'embrassent étroitement et reçoivent la mort dans un suprême adieu, sont des tableaux qui vous navrent et vous laissent une impression de souffrance et d'effroi.— L'histoire de la jeune femme m'a été contée ; je vous la dirai peut-être quelque jour, non plus sur l'*étrier*, mais à tête reposée, ce qui vaudra bien mieux, et pour vous et pour moi...

Comprenez-vous que, par suite des dissensions qui ont agité le Valais, il se soit trouvé des hommes pour venir empoisonner les chiens si utiles des pauvres religieux ; qu'il y ait eu une tête assez désorganisée pour concevoir ce projet, et des mains assez lâches pour l'exécu-

ter? Et comment assez flétrir ce qui s'est passé depuis !
— Les deux plus anciens, les aînés et les seuls représentants de la race, ont malheureusement succombé. — Et cependant, il passe chaque année au Saint-Bernard plus de quatre mille pauvres qui y reçoivent gratis les secours du logement et de la nourriture, et qui souvent doivent leur vie même à ces bienfaisants animaux qu'ils ont voulu détruire — On n'a pas l'idée d'une semblable folie et d'un pareil contre-sens.

Dans le principe, la règle des moines du Saint Bernard portait strictement qu'ils ne devaient accorder leur hospitalité qu'aux gens pauvres qui passaient de Suisse en Italie, ou vice versà, mais enfin qui traversaient la montagne d'une base à l'autre, — *transeuntibus per montem;* mais, depuis plus d'un demi-siècle, un si grand nombre de curieux viennent à l'hospice pour le visiter et redescendre immédiatement à Martigny ou à Aoste, dont ils sont partis, qu'il a bien fallu se résoudre à les accueillir tous également, et même plus favorablement que les simples passants. — Il en résulte un plus grand bien pour l'hospice, qui en devient plus capable de fournir aux nombreuses dépenses de la saison d'hiver ; car, bien qu'il soit toujours convenu que l'hospitalité s'y exerce gratuitement, les étrangers, les voyageurs, y laissent néanmoins des marques généreuses de leur passage. — Le petit salon renferme une foule de dons en nature, dont plusieurs sont l'ouvrage des femmes que les écarts de la température ont forcé d'y séjourner. —

Ainsi, des écrans brodés, des lavis à l'aquarelle, des mines de plomb et autres friandises des régions civilisées. — Un Anglais a donné, comme témoignage de sa reconnaissance, un piano assez ancien déjà pour avoir les touches en ébène et les demi-tons en ivoire, ce qui est le contraire des claviers contemporains. — Il faut dire, à la louange du frère organiste sans doute, que ce mauvais clavecin est infiniment plus d'accord et en bien meilleur état que tous les pianos pompeusement ouverts dans les splendides hôtels de la Suisse.

Mais un tronc spécialement destiné aux aumônes volontaires et cachées, a une valeur flottante qui amène un résultat beaucoup plus positif pour les religieux. — C'est grâce à son établissement et aux quêtes qui se font aussi dans quelques parties de la Suisse, qu'ils sont en état de faire face aux frais énormes que leur coûte chaque hiver.

Turin, 22 août.

V.

Val d'Aoste. — Aoste. — Un diner piémontais. — Un souper d'Anglais.

Les moines du Saint-Bernard sont de l'ordre de saint Augustin; leur costume est à peu de chose près celui du clergé de France, sauf un col blanc et une cravate laïque, dont la nécessité est plus que prouvée par le froid excessif de l'endroit, et un scapulaire blanc, se divisant sur la poitrine en deux branches qui vont rejoindre le médaillon sous la ceinture. — Le service du couvent emploie de douze à quinze *pères* ou *frères*, sans compter les domestiques. — En général, ils sont assez jeunes, et sont remplacés au bout de sept à neuf ans, les constitutions les plus robustes ne pouvant guère résister plus longtemps aux effets désorganisateurs de cette atmosphère glacée. On nous a cité cependant le père *Barras*, — aujourd'hui retiré à l'hospice du Simplon, — comme une triomphante exception à la règle. — Il a passé vingt ans consécutifs au Saint-Bernard.

Entre mars et juin 1857, le thermomètre descendit à *quarante-quatre* degrés au-dessous de zéro. — Heureusement que, pour nous fêter, il a eu la gracieuseté de s'en tenir au second de ces deux chiffres. — Néanmoins, en quittant l'hospice, nos doigts ne pouvaient se rejoindre assez pour tenir convenablement un crayon. — Qui nous eût dit que le soir du même jour, le samedi 17 août, sur le revers méridional des mêmes Alpes, nous chercherions en vain un abri contre les ardeurs caniculaires d'un soleil chauffant à plus de 26 degrés? — N'est-ce pas là chose tout aussi étonnante que d'aller et de revenir de Rouen à Paris dans le même jour, ce qui émerveillait si fort le feuilletoniste des *Débats* (¹)?

Il n'était pas huit heures lorsque nous avons quitté l'Hospice, dont le toit de neige reluisait métalliquement et se drapait à ses bordures de stalactites argentées. Les chiens, arrêtés sur le seuil, nous regardaient partir avec une curiosité cette fois bienveillante. — A moitié du petit lac que nous avions à notre gauche, est une colonne de

---

(¹) Que de chemins et de chemins faits depuis dix ans!

granit qui sert de limite au canton du Valais et aux États de S. M. le roi de Sardaigne. — Cent pas de plus, et la route descend et tourne si rapidement entre les rochers, que la différence d'un mètre suffit pour apercevoir encore tout le couvent, ou pour ne plus avoir devant les yeux qu'une majestueuse et effrayante solitude, qu'on ne soupçonnerait jamais pouvoir être habitée, et à laquelle on dit adieu sans énormément de regrets. — La route qui suit doit être fertile en bonnes trouvailles pour les minéralogistes. — Dès qu'on a franchi la zone des neiges, ce qui n'est pas toujours sans avoir compromis l'équilibre, on ne voit plus que pierres sous toutes les formes et toutes les couleurs. — L'une d'elles se brise en écailles luisantes, et recouvre la route d'une poussière d'argent qui joue admirablement avec les brises du matin et les rayons du soleil levant (¹). Du reste, même système de charpente que dans toutes les montagnes du globe, et conséquemment inutilité de description. Ce n'est guère qu'au petit village de Saint-Remy qu'on refait connaissance avec la végétation. — Cependant, ce village est encore bien triste, d'autant plus triste que c'est le poste d'une douane sarde. A une lieue plus loin, on trouve une *Stazione di carabin.ri reali*, comme nous en avions déjà rencontré à chaque pas en Savoie. — Ces messieurs sont honnêtes et de vrais moutons comparativement aux douaniers et aux gendarmes autrichiens,

---

(¹) Un granit micacé.

dont nous aurons bonne occasion de reparler. — Mais je conserve, *in mente repostum*, un bon petit grief contre le roi de Sardaigne. — Si nous traversons le Simplon ensemble, vous et moi s'entend, je me passerai la fantaisie de vous le glisser dans le creux de l'oreille.

De Saint-Oyen à Aoste, c'est-à-dire pendant trois heures environ, la route n'offre rien de curieux que des ruines et de petits villages enfouis sous des noyers magnifiques. — Je n'ai jamais si bien compris la nécessité d'un clocher sur une église. — Vous avez à votre gauche un flanc de montagne, où moutonnent des flocons d'une épaisse verdure; et sans quelques flèches éparses, dont la longue pointe perce de temps à autre cet océan de noyers, vous ne sauriez pas qu'il existe sous ce large bouclier de feuilles divers petits noyaux de population. — Tout est sagement disposé sur la terre : ce rempart vient chaque été protéger les habitants contre les rayons embrasés, qui sont répercutés dans la vallée par les pentes méridionales des rochers. — Que nous étions loin de notre température du matin! et combien il nous paraissait étrange d'avoir nos oreilles assourdies par les cris stridents des cigales, lorsque tout à l'heure encore nous n'entendions que le grésillement de la neige nouvelle fondant à un pâle soleil! — Mais au dernier tournant que dessina la route, en débouchant dans la charmante vallée d'Aoste, le contraste fut plus frappant encore.

La veille, nous avions traversé des champs où les

blés étaient verts, où on commençait à cueillir sur les arbres les premières cerises mûres, où les fraises étaient en fleurs et les groseilles en verjus, et soudain, comme par un coup de baguette, nous étions transportés sous un climat où les amandiers, les oliviers et les pêchers étaient déjà couverts des plus beaux fruits ! Et ce qui frappe surtout le voyageur étonné, c'est la réapparition de la vigne, oubliée dès longtemps, et que l'on voit s'étaler en longues treilles à droite et à gauche de la route, sur des colonnades de pierres blanches qui donnent immédiatement au pays une couleur qui n'appartient plus à la Suisse, mais à l'Italie, dont on touche le seuil. Rien de plus gracieux et de plus caractéristique ; ces piliers arrondis ou simplement taillés à angle droit, couvrent d'une forêt chaude et brillante les dernières assises du coteau ; ils sont posés sur des remblais murés et échelonnés par étages, si bien qu'on dirait la ville d'Aoste couchée sur l'arène d'un vaste amphithéâtre romain. — La vigne se trouve ainsi élevée de trois à quatre mètres au-dessus du sol qui la nourrit ; elle peut alors servir de tente aux promeneurs qui contemplent de bas en haut ces voûtes de raisins, et permet, en outre, de faire une seconde récolte sur le sol qu'elle abrite, et où ses souches ne prennent que fort peu de place.

La ville d'Aoste, que son origine romaine fait plus volontiers encore appeler *cité* d'Aoste, doit en grande partie la popularité contemporaine de son nom à l'œuvre de M. Xavier de Maistre, — laquelle n'est pas un conte, mais une très-véridique histoire, ainsi qu'on me l'a prouvé et que je vous le dirai. — La population a déjà toute l'indolence et la malpropreté des Lazzarone ; les maisons recouvertes en larges ardoises brûlées, les balcons à l'ombre sous des tentures rayées, font une harmonie complète avec le climat et le paysage environnant, si bien qu'Aoste, toute Sarde qu'elle est, offre au voyageur un avant-goût d'Italie et comme un prospectus-spécimen du nouveau pays qui va s'ouvrir devant lui. — La nourriture elle-même diffère si essentiellement des habitudes culinaires de l'autre côté des Alpes, — que je ne puis résister à l'envie de vous présenter le menu du repas qu'on nous y a servi à notre arrivée. — Peut-être quelque excentrique et novateur cordon-bleu le jugera-t-il digne de figurer à côté de celui que le maréchal de Richelieu a légué à la postérité, en souvenir d'un souper de sa composition, à cinq ou six services, entremets, desserts, etc., et où cependant il n'entrait pas d'autre matière première que du veau.

Voici donc quel était ce jour-là, comme tous les autres sans doute, *l'ordinaire* de la table d'hôte de l'hôtel de la Poste. Je procède par ordre : chacun avait à son côté une trentaine de petits pains appelés *grizins*, longs de 90 centimètres à un mètre environ, et épais d'un centimètre en tout autre sens. — Je n'exagère pas, je les ai mesurés. — Ces longs gâteaux sont cuits deux fois, ce qui, joint à leur forme vraiment invraisemblable, les rend d'une consommation assez difficile pour ceux qui n'en ont pas une habitude d'enfance. — Secs et friables, ils se brisent au moindre faux mouvement qui les contrarie, et volent en éclats sur les plats et les assiettes voisines. — En somme, ils sont excellents; on ne s'en lasse pas, d'autant plus qu'on a bien mieux l'air de jouer aux onchets que de manger son pain quotidien. — Le milieu de la table était occupé par un plat garni de larges tranches de saucisson, et flanqué de quatres assiettes de piments verts et de tiges de celleri cru. — Le dîner commence toujours par ces trois mets.

Venaient ensuite deux ragoûts ; le premier, qui est d'un assez joli montant en épicerie, se compose exclusivement de truffes blanches du Piémont, très-renommées, et coupées en feuilles beaucoup plus fines que celles du papier à lettre *Marion*. — Il faut un instrument spécial pour les diviser en tranches aussi émincées et aussi égales. — Elles reposent sur un hâchis de girofle, de harengs-saur et d'anchois.

Le second ragoût, dont la douceur n'est pas indifférente à quiconque s'est hasardé à goûter le premier, — était une marmelade de *courgettes*, fruit dont les pèlerins font leurs bouteilles de route, — mais c'est le fruit jeune encore, tendre, noyé dans un jus de pastèques roses, acidulé et sucré dans de si exquises proportions, qu'après en avoir goûté avec surprise, et même défiance à cause de l'aspect, on y revient avec reconnaissance et effusion de cœur. — Lorsque les convives furent affriandés et mis en haleine par ces quatre premiers hors-d'œuvre, on fit circuler des côtelettes de veau très-minces, préalablement *massées* et condensées entre deux spatules de bois; — l'os en était enlevé, et la chair, rôtie intérieurement, était recouverte d'une purée de pommes de terre au jus, et si bien dissimulée, que vous eussiez mille fois songé aux beignets avant de soupçonner des côtelettes. — Suivirent immédiatement des tranches de chamois grillé (ceci était un arrière-goût de suisse), infusé dans du vin sucré, et entouré de confitures de groseille, en guise de gelée de viande. Les connaisseurs y ajoutent un supplément de poivre de Cayenne qui ferait rougir un nègre.

Enfin, parut un dernier plat dont il me serait impossible de vous classer les éléments. Je crois qu'il se compose de n'importe quoi : c'est un adroit mélange de toutes les créations végétales et animales, une fusion radicale de toutes les couleurs et de tous les goûts. — C'est un mystère en cuisine : il faut se prosterner, car c'est admirablement bon; mais la raison y chercherait vainement une solution à sa portée. — N'oublions pas que ces prémices avaient été constamment et scrupuleusement accompagnées de *grizins*. C'est alors qu'on servit les potages, bizarre apparition pour ceux qui se sont laissé aller pendant vingt-cinq ans à croire que la soupe était l'alpha de tout honnête dîner. Mais il faut se plier gaîment à tous les usages étrangers; chaque pays a les siens, qui sont bons quand on les connaît. — Le premier potage était une manière de *julienne* en sabots, — car les légu-

mes y étaient presque entiers; on n'avait amoindri que
ceux dont les proportions eussent excédé le diamètre de
la soupière. — Le second offrait la pâte italienne dans
toutes ses variétés : en étoiles, en losanges, en graines
de melon, en lanières plates, et surtout en vermicelle
gras et filant sans fin. — Une profonde assiette de *parmesan* râpé accompagnait chaque potage. C'est un usage
dans plusieurs pays, et un usage excellent. — Chacun
prend une ou deux cuillerées de cette poudre fine et fraiche, et la mêle dans son potage, quel qu'il soit; — s'il
était bon déjà, il n'en devient que meilleur.

Le service qui remplaça les soupes se rapproche davantage de tout ce que nous connaissons; — j'en excepterai toutefois une magnifique truite piquée avec des noix
fraîches, un saladier de fèves grillées, une crème exclusivement composée de jaunes d'œufs et de vin blanc
de *Chambave*, cru voisin d'Aoste; — enfin, du verjus
de muscat rôti à la broche. — Est-il besoin d'ajouter que
le macaroni, ce roi de toute l'Italie en guenilles, vint
clore dignement cette procession balthazaréenne? — On
ne sait pas en France, on ne peut pas savoir ce que c'est
que le macaroni!

Le dessert nous apporta des fruits délicieux, pleins de
jus, — surtout les *Pavie*, — les meilleures pêches du
monde, et qui partagent, avec François Ier, la gloire d'avoir appris à l'univers le nom d'un petit coin de terre
dont nous n'étions guère éloignés.

Avant de quitter la place et de renoncer définitivement

aux longues séductions des *grizins*, un des convives raconta une assez bonne histoire de gourmet, laquelle se serait passée à Bade, l'an dernier. — Vous savez que les Anglais tiennent à bien vivre, et que les Allemands ne tiennent pas du tout à mal vivre. — Vous savez de plus que les premiers ne parlent qu'en serrant les dents, tandis que les seconds vont extraire du fond de leur gosier des sons larges et caverneux. — Or, un Anglais et un Allemand arrivèrent ensemble un soir dans un hôtel de Bade, le seul qui eût encore de la place. — Mais l'affluence y avait cependant été si grande ce jour-là, et la consommation si vigoureuse, qu'il ne restait absolument au chef de cuisine qu'un malheureux poulet rôti. — Le chef propose de le partager, et d'en servir une moitié à l'Allemand, une autre moitié à l'Anglais. — Mais ni l'un ni l'autre ne mordent à cette proposition, et chacun, ne voyant qu'un maigre oiseau pour tout potage, déclare hautement s'adjuger l'intégrité de l'animal. — Enfin, le chef s'avise d'un expédient que l'Anglais, — parieur de sa nature, — adopte avec jubilation, et finit par faire accepter au grave Tudesque. — Voici : les deux pattes de la volaille seront attachées; l'Allemand les prendra avec les dents; — de son côté, l'Anglais serrera dans les siennes le cou de la volaille; — on tirera de son mieux jusqu'à rupture de l'enjeu, qui appartiendra à celui qui n'aura pas lâché prise...

Les combattants se postèrent; la tête et les pattes se fixèrent solidement aux deux rateliers.

— « *Y-été-vó ?* » — grommela l'insulaire sans desserrer une seule dent.

— « *Ya !* » — répondit le maladroit et honnête Germain ; — et voilà que cet élément guttural de sa langue maternelle l'obligea d'ouvrir un si énorme tuyau d'orgue, que le poulet fut triomphalement se balancer aux lèvres contractées du radieux Breton.

Qu'en eût dit Lafontaine ? — En attendant, si vous ne connaissiez pas la différence essentielle et radicale qui existe dans la prononciation des deux idiomes, — la voilà.

Turin, 23 août.

VI.

Aoste (suite). — Circenses. — Brumafan. — La Tour du Lépreux. Calvin.

Fondée par les Salasses plus de dix siècles et demi avant J.-C., conquise par les Romains un quart de siècle avant l'ère chrétienne, reconstruite par Auguste qui lui donna son nom (*Augusta, — Agosta, — Aosta*), la cité d'Aoste conserve, de la domination du premier peuple du monde, des traces vivantes et ineffaçables qu'elle transmettra sans doute intactes aux bouleversements du dernier jour. — Notre époque aura largement taillé son passage; il subsistera de notre civilisation des témoignages impérissables. — Nous aurons été jusqu'à donner au sol une autre physionomie que celle qui datait de la création, en le couvrant de fleuves artificiels, en nivelant et perçant des montagnes, en élevant sur les plaines d'indestructibles et gigantesques chaussées. — Nous aurons étonné les flancs de la terre par nos apparitions infernales; nous aurons porté les flammes de l'éclair et les bruits de la foudre au cœur des silences souterrains qu'aucun peuple n'avait osé troubler depuis six mille ans. — Posant le pied de l'homme sur une terre nouvelle, nous aurons donné à son regard des spectacles inconnus à l'œil humain; il aura contemplé l'étendue là où l'oiseau seul avait la souveraineté de l'espace; il aura pu traverser des mondes à la même place où les flèches seules sifflaient à leur aise dans le bleu du ciel; il aura découvert aux collines et aux vallées des perspectives que les générations précédentes n'avaient jamais soupçonnées ([1]). — Et cependant, lorsqu'on se trouve face à face avec ces redoutables débris d'un peuple disparu, lorsqu'on heurte son doigt contre ces blocs informes où le ciment et la brique sont désormais fondus

---

([1]) Ceci n'amène-t-il pas à conclure qu'il existe dans l'économie de la création des beautés relatives, qui ne sont que d'un point donné, — et qui demeureront éternellement voilées à l'œil de l'homme s'il ne découvre pas ce point? — Ainsi doivent s'arrondir de magnifiques panoramas aux pieds de montagnes dont la cime est restée vierge. — Qui donc les contemple? — Quel avare compte aussi les trésors éternellement enfouis dans les entrailles du globe?

dans un seul élément, et qu'on vient à songer que le temps lui-même, ce grand démolisseur de toute gloire, s'use inutilement depuis des siècles à rogner aux angles l'immortalité de ces pierres, — on prend l'idée d'une force plus puissante que notre force, d'une volonté plus énergique et plus opiniâtre que notre volonté, d'une confiance et d'une certitude de l'avenir qui contrastent péniblement avec l'hésitation de nos vues, l'incertitude de nos projets éphémères, et nos doutes sur une stabilité future sans cesse remise en question. — Nous avons pourtant, — à défaut d'une vigoureuse sève, — d'invincibles auxiliaires : l'appui matériel des découvertes modernes contrebalance notre décadence morale. — Mais l'Europe actuelle existerait-elle, si les Romains avaient connu la poudre, l'imprimerie, le gaz et la vapeur ?

Les anciens murs d'enceinte survivent encore sans discontinuité dans toute la partie de la ville qui est au levant. Ils furent bâtis en présence des cohortes prétoriennes, par les vaincus eux-mêmes, — guerriers déjà redoutables, — car Rome avait presque désespéré de les soumettre; il fallut détourner le cours d'un torrent, lui creuser un lit nouveau, et le diriger sur la ville pour l'inonder. — Depuis ce jour, la *Doise* ne coule plus comme autrefois dans ses rives naturelles ; mais on voit encore le pont sur lequel on la traversait ; et l'œuvre de la main des hommes a survécu à celle de la création. — Auguste fut fier de sa victoire. — Térentius Varron fit ériger en son honneur un arc de triomphe, admirablement conservé jusqu'à nous. — L'inscription latine a été littéralement remplacée par ces mots :

> Au triomphe d'Octave Auguste César.
> Il défit complétement les Salasses
> L'an de Rome 734.

Sous l'arcade du milieu, on montre un Christ sculpté par un apôtre, et qui passe pour être le plus ancien de la chrétienté. — J'ai cherché à deviner si la pensée chrétienne dans toute sa pureté, dans toute l'originalité de sa première ferveur, avait laissé sur ce vestige une empreinte originelle, le caractère d'une foi sauvage et robuste; — je voulais quelque chose de rude, mais de saisissant; — je dois dire que, malgré la bonne volonté de mon imagination, je n'ai rien vu qu'un morceau de bois assez grotesque. — S'il faut en faire honneur à un apôtre, franchement il était dans l'enfance de l'art : Michel-Ange a mieux fait depuis. Dans le chœur de la cathédrale, — érigée par les ducs de Savoie sur les ruines d'un ancien temple de Jupiter, — est une mosaïque fort remarquable, d'une solidité éprouvée, car elle sert de pavé aux chrétiens comme elle en a servi aux païens; — les douze signes du zodiaque y sont représentés avec une grande richesse de dessin et de couleur.

Au centre de la ville, s'élèvent encore les Portes-Prétoriennes; une excessive sévérité veille à la conservation de ce curieux fragment. — A peu de distance de ces portes, se cachent les débris d'un vaste colysée. Il y a trois ans que le propriétaire d'une maison entée sur ces ruines, retrouva une des portes de fer qui retenaient les bêtes avant qu'on les lâchât sur l'arène. — Les montagnes voisines, qui penchent sur la vallée leurs sommets curieux, ont dû être témoins de ces fêtes populaires qui réunissaient toute une ville dans une seule enceinte; elles ont dû entendre et doubler par leurs échos les applaudissements et les clameurs d'un amphithéâtre vivant. — Que de beaux jours, que de splendides soirées, que de gloires superbes ne pourraient-elles pas raconter!... Qu'est devenue cette civilisation avec son élégance, ses mœurs raffinées, ses dieux et ses plaisirs? Où sont toutes ces têtes ardentes, tous ces regards fixés sur la lutte, toutes ces pensées inquiètes et suspendues, que chaque péripétie du drame bouleversait comme les vagues d'un seul océan? — Quelques générations se sont succédé sur ces pierres, — puis il est venu un jour où les spectateurs se sont retirés du cirque, pour n'y jamais rentrer, pour ne jamais y être remplacés. — Il y a eu un acteur qui, le dernier, a recueilli les derniers hourras de la foule. — Et quand la fête a été finie, a immédiatement commencé un silence qui s'est éternisé jusqu'à nous. — Le lendemain de cette fête on s'en entretenait encore, le nom des vainqueurs était peut-être prononcé, — puis le souvenir lui-même s'en est perdu, comme les oscillations de l'eau troublée par la chute d'une pierre s'évanouissent peu à peu dans le niveau et l'immobilité de la surface. — Depuis ce jour, les montagnes n'ont rien vu ni rien entendu, et cependant elles seules savent tout (¹).

>O jours évanouis! O splendeurs éclipsées!...
>O soleils descendus derrière l'horizon!...

Le moyen âge a, lui aussi, ses représentants dans la cité d'Aoste. — J'ai remarqué, entre autres, les ruines du château de Chalans. — Vers le milieu du XV⁰ siècle, le comte René de Chalans, qui avait cru surprendre des signes d'intelligence entre la belle princesse Marie de Bragance, son épouse, et un jeune page de sa suite, fit enfermer la malheureuse femme dans la tour méridionale du château, la condamnant à y mourir de faim. — Pendant les longues nuits d'hiver, on entendait dans toute la vallée la voix désespérée de la princesse qui criait : « *J'ai faim! — J'ai faim!* » — Les vassaux du comte implorèrent sa grâce, mais il fut inflexible; et lorsque les habitants n'entendirent plus le cri terrible, Marie de Bragance passa pour avoir succombé à ses atroces tortures ; — car on dit aussi que le comte René, qui tenait surtout à l'exécution pleine et entière de sa volonté, pour les yeux du vulgaire, fit lui-même courir le bruit de la mort de sa femme, tandis que par son ordre, après un certain temps de réclusion, elle fut secrètement

---

(¹) Un jeune savant a été envoyé par le gouvernement français à Aoste, où depuis six mois il fait pour la science de l'histoire de nombreuses et curieuses recherches.

transportée dans la petite ville de Verceil, où elle mourut de vieillesse longtemps après. — Quoi qu'il en soit, la tradition a conservé parmi le peuple un nom sinistrement expressif à la tour du château de Chalans, qui s'appelle encore aujourd'hui la tour de *Bramafan*. — (Brame-faim.)

Un petit chemin, couvert de beaux ombrages, la sépare de la *Tour de la Frayeur,* plus connue depuis un demi-siècle sous le nom de la *Tour du Lépreux*. — Le personnage de M. de Maistre n'est point fictif; il a vécu plusieurs années dans cette étroite retraite, que personne n'osait habiter, parce qu'une frayeur populaire la disait hantée par un revenant. — L'hôpital d'Aoste envoyait deux fois par semaine porter les provisions nécessaires à l'existence de ce malheureux et à celle de sa sœur, qui mourut deux ans avant lui. — Le vieillard qui habite aujourd'hui la tour, et qui nous a fait parcourir ses petites dépendances, se souvient très-bien qu'étant encore enfant, et jouant avec ses camarades dans les fossés pleins d'eau qui bordent les prés de la Doise, un seul cri de leurs parents les mettait en fuite et les ramenait au bercail, — et ce cri était : « *Le lépreux! — voici le lépreux!* » — Et ils voyaient apparaître sa tête demi-masquée entre les treilles de vignes qui partageaient en deux le petit mur de la cour. — Cette vigne existe encore; elle sépare toujours, sur la plate-forme du mur antique, les deux étroites allées où la sœur et le frère pouvaient se parler sans se voir et sans se toucher. — Le petit cabinet de noisetiers est au fond du jardin; mais le banc qu'il abritait a été démoli, et les rosiers des Alpes ont cessé d'y fleurir. — La cellule du lépreux avait jour au levant et au midi ; — il dominait les bruits et les toits de la cité ; il écoutait les effluves courantes des deux rivières ([1]) ; — il pouvait contempler les brillants glaciers de Ruitorts ; il pouvait égarer sa pensée dans les gorges sinueuses et noires qui conduisent au Saint-Bernard, affronter avec elle les redoutables cimes neigeuses qui protégent la vallée comme un rempart, s'élancer peut-être à son aide au delà des limites de son horizon, et rêver une tout autre existence sur le revers italien de la montagne du Midi. — Voici la place d'où il éprouvait un plaisir singulier à découvrir l'ermitage bâti sur le sommet de Charvensod.

— « Lorsque le jour tombe, assis dans mon jardin,
» je fixe mes regards sur cet ermitage solitaire, et mon
» imagination s'y repose. Il est devenu pour moi une
» espèce de propriété ; il me semble qu'une réminiscence
» confuse m'apprend que j'ai vécu là jadis, dans des
» temps plus heureux et dont la mémoire s'est effacée
» en moi. » — « Je passe des journées entières de la belle
» saison, immobile sur ce rempart, à jouir de l'air et
» de la beauté de la nature : toutes mes idées alors sont
» vagues, indécises ; la tristesse repose dans mon cœur
» sans l'accabler ; mes regards errent sur cette campa-
» gne et sur les rochers qui nous environnent ; ces diffé-
» rents aspects sont tellement empreints dans ma mé-

([1]) La Doise et le Buttier.

» moire, qu'ils font, pour ainsi dire, partie de moi-même,
» et chaque site est un ami que je vois avec plaisir tous
» les jours. » —

Le gouvernement sarde a fait réparer et blanchir les deux cellules du frère et de la sœur; — on les destine à des malheureux atteints de quelque maladie contagieuse, car il en existe dans ces contrées, quoique la lèpre n'y ait pas reparu. — On a peine à s'expliquer pourquoi la race humaine est plus disgraciée aux lieux mêmes où la création première a déployé le plus de magnificence : — les populations entachées de crétinisme habitent les vallées les plus riantes et les plus fécondes. — Le Piémont fournit un exemple de cette anomalie, mais le contraste est encore plus frappant en Valais. Partout la nature y écrase sous sa splendeur une portion d'hommes dégradés, avilis, anéantis. C'est à peine si la beauté des sites, la diversité et le pittoresque du paysage, reposent le regard du voyageur des affligeants tableaux ignominieusement exposés sur sa route. — L'horreur est à côté de l'admiration; après avoir adoré, on serait tenté de blasphémer. Comment donc la science humaine, qui a fait tant de progrès dans des voies moins utiles à l'humanité, n'a-t-elle point encore trouvé le secret de couper au vif les racines d'un fléau si triste et si épouvantable? — Nous aurons lieu de revenir sur ce sujet.

En quittant Aoste, on nous fit remarquer une petite terrasse soutenue par une colonnade en marbre; — elle est attenante à la maison qu'habitèrent Calvin et Luther avant de tenter sur cette ville, pour le succès de la réforme, un essai qui ne fut pas heureux. — Calvin s'avança un jour sur cette plate-forme, et voulut évangéliser le peuple. — Un rassemblement immense se forma, la terrasse fut escaladée, l'orateur appréhendé et chassé de la cité. — Une colonne fut érigée l'an 1541 en mémoire de cet événement; je n'ai pas eu le temps de copier sur mon album la longue inscription gravée sur le piédestal. — Il est curieux, après cela, d'entendre à un jour de distance le bedeau d'une église protestante raconter aux voyageurs comment le temple appartenait *autrefois* aux *catholiques*. — Le catholicisme *était* une ancienne religion, — qui avait osé se prélasser sous ces voûtes qu'elle avait élevées. Ils vous disent cela avec l'emphase d'un cicerone montrant les bains d'Apollon ou le temple de Diane. — A les en croire, il faudrait longtemps parcourir le monde avant de retrouver quelque trace d'une *secte* depuis longtems jetée aux gémonies des erreurs humaines. Luther est appelé le *divin* réformateur. Mais si vous faites un pas hors de l'enceinte du bedeau contrit, si vous mettez le pied dans une autre ville, le divin Luther n'est plus qu'un fourbe et un intrigant, et l'heureux souvenir de sa fuite est consacré pour la postérité par le marbre d'un monument. — Que sont donc les hommes, et les hommes qui ont marqué leur venue, pour qu'après trois siècles les jugements portés sur eux et sur leurs actes soient si dissemblables dans l'étroit rayon où ils ont été connus?

Turin, 24 août.

VII.

Bard. — Ivrée. — Chivazzo. — La Superga. — Turin.

La route d'Aoste à Turin côtoie d'abord un délicieux vallon, plein de mûriers, de figuiers, d'oliviers, d'amandiers, de cognassiers, et de vignes en terrasses, en voûtes, toujours soutenues par des allées de colonnes blanches. — Les premières assises des montagnes sont crénelées de vieux châteaux. — La vallée est fermée par la forteresse de Bard, — dont les murs avancés ne laissent d'ouvertures qu'une porte sur la route, et une arche de pont sur la Doise. — Cette forteresse est imprenable par sa position même : — on ne peut y arriver ni par la plaine, ni par les monts. — La rivière l'enserre dans un réseau qui l'isole sur une hauteur que d'innombrables travaux de maçonnerie ont rendue inabordable. Des milliers de canons hérissent par étages, et dans la direction de tous les angles possibles, les files noires de leurs bouches et de leurs affûts. — Il n'y a pas de lutte possible; — la pensée d'attaquer ce colosse invulnérable ne peut surgir que du cerveau d'un fou. — Et cependant, Bonaparte traversa le Piémont comme si cette forteresse n'eût pas existé.

Le commandant de Bard, — homme simple et droit, — s'était persuadé que le point capital était de ne pas se laisser prendre, ni lui, ni ses bastions. Fort de cette idée, il organise ses fidèles, se place sur le pied d'une formidable défense, se carre et voit venir. De son côté, Bonaparte réfléchit qu'il n'avait besoin ni de ce brave gouverneur, ni de sa lourde masse de granit. Il fit donc tout bonnement passer son armée hors de la portée des boulets; ses canons furent enroulés dans des caisses de paille, et portés à bras sur la montagne, sans bruit et sans encombre. — Pas un coup de fusil ne fut échangé. — Le digne commandant ne se laissa prendre ni une sentinelle, ni une bouche à feu, et l'armée française passa.

Voilà du moins ce qui nous fut raconté par notre Vetturino; mais un officier de l'armée sarde nous a dit, au contraire, que le fort s'était rendu après quatorze jours de siége, pendant lesquels il fut à moitié démoli. Comme je n'ai pas M. Thiers sous la main, il m'est impossible de décider entre les deux versions (¹).

Sur un des sommets qui font face à la citadelle, sont les magnifiques restes du château de Castiglione, — devenu célèbre par le rôle qu'il a joué dans la campagne d'Italie en 1800. — Il appartenait autrefois à ce même comte René de Chalans, dont je vous ai parlé, et vit naître dans ses murs un membre illustre de la même famille, qui devint pape sous le nom d'Eugène III.

Le pays va s'élargissant jusqu'à Ivrœa, autre villa romaine bâtie sur un endiguement de la Doise, à l'embranchement des routes de Turin et de Milan. Le ciel est d'un bleu chauffé à blanc, — l'atmosphère miroite comme l'orifice d'une fournaise; — mais les pêches, les melons et les pastèques abondent. La population des campagnes est d'un aspect hideux, les costumes déguenillés, les habitations d'une malpropreté révoltante. Des crétins laissent baver aux fenêtres leurs lèvres béantes, et pendre leurs goîtres repoussants. Et pour mieux apprécier ces produits naturels du sol, les voitures vont avec une lenteur désespérante, toujours au pas, au petit pas, sur une route magnifique. De temps en temps, toutes les trois heures environ, le postillon descend, détèle ses chevaux et s'en retourne avec eux, sous pré-

---

(¹) La vérité est que le fort de Bard, regardé comme imprenable, a été pris et rasé par les Français en 1800.

texte qu'il a fini le temps de sa poste. La voiture et les voyageurs restent plantés sur le milieu de la route. — Que s'il vient à passer une charrette pendant ce temps d'arrêt forcé, — le charretier le prend vivement, s'emporte, injurie les voyageurs, veut les forcer à placer eux-mêmes leur voiture sur le côté de la route, et une fois hors d'affaire, s'en va devant lui sans plus s'inquiéter d'eux. Alors, il arrive quelquefois, — surtout si c'est un dimanche, — qu'un voisin flânant devant sa porte vous aperçoit ainsi aux prises avec la belle nature, et vous demande si, d'aventure, vous n'auriez pas besoin d'un cheval. Un gendarme revenant de tournée offre de prêter le sien, ce qui fera deux. On se le dit dans le prochain village; on quête un âne au boulanger, un mulet au meunier. — Bref, l'attelage se complète tant bien que mal, et le voyage continue au pas jusqu'au prochain relai, — car ils appellent cela un relai; — et pour relayer ainsi, il ne faut pas moins d'une bonne heure, montre en main.

Çà et là se dressent quelques petites chapelles isolées, dont tous les murs extérieurs sont peints à fresque et représentent les principales scènes du Nouveau Testament. — Souvent même, une simple maison de paysan, tombant en ruines d'un côté, se relève de l'autre pour présenter en passant une façade blanche au milieu de laquelle est peint le ciel avec tous les saints de la cour céleste. — Cet usage se prolonge assez avant dans le Piémont; on en retrouve même quelques traces en Suisse, dans les versants méridionaux du Haut-Valais. — Et ne croyez pas que cela ressemble à des enseignes en plein vent : — il y a de la couleur et de l'harmonie, il y a de la hardiesse et de la vérité dans le dessin, de l'ampleur et de l'originalité dans le coup de pinceau. — On sent déjà qu'on a touché le seuil de la patrie des maîtres. — Comme le recouvrement des toits est assez prolongé, et que le baromètre est rarement à la pluie dans ce pays-là, — ces fresques se conservent de longues années, et le temps agit sur elles comme sur les tableaux, — en adoucissant la crudité des premiers tons.

Je voudrais vous parler d'Ivrœa, — mais chaque rue est comme la gueule d'un four : l'atmosphère est embrasée, le soleil cuit les feuilles des mûriers et les roule sur elles-mêmes comme un cigarre; sortir, c'est s'exposer à être rôti vif. — Les habitants laissent retomber sur leurs balcons de larges bandes de lampas rayé; à peine une main furtive les entr'ouvre-t-elle pour regarder passer un étranger. — En somme, il m'a semblé que c'était une ville triste, — un amas de maisons grises dominé par un château romain, noir et rouge, dans lequel on a creusé des bouges pour en faire des cellules de prisonniers. — Il y a quelques flâneurs sous les arbres, — qui ne sont que des squelettes grillés; — et, règle générale, — sur trois promeneurs pris au hasard, il y a invariablement une femme, un militaire et un abbé, — ce qui constitue du reste à la majeure partie des États sardes, et à la presque totalité du royaume lombard-vénitien, une physio-

nomie à part, un type de population que l'on ne retrouve pas heureusement dans les autres pays civilisés.
— Il y a plus de femmes que de bourgeois, plus de soldats que de femmes, et plus d'abbés que de soldats, — les voleurs compris. — Toute l'Italie septentrionale se réduit à cela ; — car de voyageurs, on n'en compte guère.
— Le gouvernement est loin de les favoriser ; il les encourage de telle sorte à leur première tentative dans ces États modèles, que la seconde se doit faire attendre quelque peu. Malheureusement, et quoi qu'on en puisse dire, toute expérience est personnelle ; — voilà pourquoi Sa Majesté Charles-Albert et Son Altesse Sérénissime le vice-roi d'Autriche, ont encore leur recette assez bien garnie à l'endroit des passeports.— J'ai promis de traiter à fond ce sujet lorsque nous passerons le Simplon.

Je ne conserve guère un souvenir plus riant de Chivazzo. J'ignore s'il est au monde quelque chose de plus triste qu'une voiture dételée dans une cour d'auberge abandonnée, un dimanche d'été, — par un soleil qui brûle les murailles désertes, par un bruit de cloches à vous endormir éveillé, par une solitude que ne troublent pas même de maigres volailles, des chats efflanqués, des chiens galeux, chacune de ces hideuses bêtes ronflant à l'abri du plomb fondu qui coule dans l'air. — Ajoutez à cela une sorte d'aubergiste crétin, qui tous les quarts d'heure vous dit un mot que vous ne comprenez pas, un mot de piémontais, — le plus effroyable patois, le plus aigre et le plus discordant dia-

lecte qu'aient jamais inventé les puinés de l'harmonieuse langue d'Horace. — Voilà Chivazzo. — Les naturels du pays ne m'ont guère semblé plus heureux. — Fumer, mordre dans des pastèques vertes, se déguiser en abbé et boire du vin détestable à la porte des églises, me paraît le résumé de leurs occupations les jours de fête. —
— Dieu me garde d'y séjourner jamais une semaine pour apprendre en quoi peuvent varier les plaisirs des jours ouvrables.

Une magnifique plaine s'étend de Chivazzo à Turin, entre le fleuve du Pô, qui la borde à gauche, et toute la chaîne des Alpes, qui l'encadre sur la droite. — Les terrains y sont gras et la végétation abondante. — On aperçoit à plus de douze kilomètres devant soi la colline de Superga, qui domine Turin sur l'autre rive du fleuve. — Les Français auraient besoin de la gravir un jour, non pour détruire la royale basilique qui la couronne, — nous ne sommes pas si vandales et n'employons pas si mal notre temps et notre argent, — mais simplement pour changer la destination première du temple sacré; car les bons Turingeois se sont imaginés, il y a de cela cent cinquante ans, que le ciel les protégeait exclusivement contre nous. — En conséquence, le 6 septembre 1706, un prince Eugène quelconque étant entré dans la ville malgré les Français qui l'assiégeaient, et à qui il devait joliment tarder de retourner chez eux, le roi Victor-Amédée appela Juvara, son architecte, et lui ordonna d'ériger sur la colline une église colossale qui pût se voir du sommet du Mont-Blanc. — Vingt ans après, le colosse était sur pied ; un ordre était établi pour remercier perpétuellement le seigneur de son appui signalé ; on y fondait une éternelle lampe d'or en mémoire de l'incroyable événement.

Comme on le voit, le roi Victor-Amédée ne regardait pas comme chose facile d'avoir pu faire battre retraite aux Français ; il n'en attribuait pas même le moindre honneur aux troupes du prince Eugène, ce qui n'a rien de flatteur pour elles, et peut très-bien nous consoler.— Le soleil couchant, suspendu comme un ballon de feu sur les dentelures embrasées des Alpes, vient rougir les mille vitraux de l'immense basilique ; elle flamboie et darde ses longs rayons sur les plaines déjà noyées dans l'ombre. — On dirait le feu du ciel incendiant l'arche arrêtée sur le Mont-Arara. — Une heure après, le royal édifice détachait son immense silhouette noire sur l'aurore blanche de la lune ; le squelette semblait grandir comme le fantasmagorique palais d'un songe, tandis qu'à l'horizon opposé, et sur les lueurs mal éteintes du couchant, les Alpes sereines argentaient dans la fraîcheur des nuits leurs manteaux de neige et leurs brillants diadèmes de glaciers.

Turin, — capitale de Sa Majesté le roi Charles-Albert, est la ville la plus régulièrement bâtie qui soit en Europe. Or, comme il y a peu de choses aussi tristes qu'une ville dont toutes les rues sont tirées au cordeau, il s'en suit qu'il y a bon nombre de villes qui sont plus gaies et plus accortes que Turin. — Par exemple, je ne pense pas qu'il en existe une qui puisse rivaliser avec elle pour le nombre des abbés ou de ceux qui en portent le costume. — On en voit de toutes les couleurs, de toutes les formes et pour tous les goûts. Ils causent volontiers avec les différentes armes du militaire, — mais n'ont pas l'air de se connaître entre eux, et se regardent mutuellement passer comme des sauvages débarqués du Congo. Un chapeau à bords relevés se gardera bien de saluer un chapeau dont les bords sont aplatis, un rabat liseré de blanc croirait déroger s'il ne tournait le dos à un rabat sans liseré. Un tricorne offrira bien un verre de *chambave* à un schako, mais il refusera dédaigneusement de trinquer avec un chapeau à la Basile. Pour un voyageur qui se hasarde sur les trottoirs de Turin, les abbés sont beaucoup plus dangereux que les omnibus de Paris et de Londres ; il en pleut de partout, il en tombe des toits, il en coule des gouttières, il en sort des croisées, il en monte des soupiraux de cave, il en pousse des pavés. Vous ne pouvez faire un pas sans en heurter ou sans en être heurté. En revanche, il y en a peu ou point dans les églises, qui sont livrées aux mains mercenaires des rats de sacristie et des chasse-chiens.

Voilà certainement la première chose qui frappe un étranger arrivant à Turin, un Français surtout ; car ces habitudes extérieures nous choquent, nous dont le clergé a conservé une tenue si uniformément digne et si constamment irréprochable ; et la France est encore, de toutes les nations, la première devant le Seigneur.

Turin possède un nombre indéfini d'églises; — je ne les connais pas toutes, et j'en ai compté trente-deux. — Un Anglais demandait un jour le temps qu'il fallait pour visiter les antiquités de Turin : « *Un 'ora,* lui répondit-on. — Et les curiosités? — « *Un giorno.* » — Et les musées? — « *Una settimana.* » — Et les cafés? — « *Un' mese.* » — Et les théâtres? — « *Un' anno.* » — Et les couvents? — « *Un' secolo.* » — Et les églises? — « *Sempre !* »

Novare, 26 août.

VIII.

San Giovanni. — Les églises. — Les théâtres. — Les palais. — Les
 — Les Vetturini. — Verceil. — Novare.

La cathédrale de *San Giovanni* n'est remarquable que
par la profusion des dorures qui recouvrent toute la nef
intérieure. — Les fresques, les tapisseries de soie et de
velours, les colifichets de toute espèce, laissent à peine
apercevoir par échappées le squelette de l'édifice; — les
vitraux eux-mêmes en sont obstrués, et ne tamisent qu'un
demi-jour diversement nuancé. — L'obscurité qui en
résulte n'a aucun rapport avec la teinte religieusement
sombre de nos vaisseaux gothiques; le visiteur qui passe

brusquement du grand soleil de la place Saint-Jean aux faibles lueurs prismatiques de la cathédrale, éprouve d'abord une sorte d'aveuglement qui l'empêche de savoir où il est et où il va. — A mesure que la prunelle se dilate et que les contours se détachent du vague, on se sent comme enveloppé d'un bien-être chaud et moelleux; — mais le sentiment religieux est absent; on rêve d'un magnifique boudoir et non d'une église; c'est Notre-Dame-de-Lorette, plus la grandeur des proportions, l'exagération des enjolivements et la royale richesse des détails.

Au delà du maître-autel s'élève une immense châsse de verre blanc à nervures de bronze doré.— Cette châsse enferme un autel dressé à plus de dix mètres au-dessus du sol; le prêtre qui y dit la messe est aperçu de tous les points de la nef, et l'hostie sainte, en s'élevant dans ses mains, semble toucher le ciel. — L'effet est assez beau et ne manque pas de caractère; — cependant, le châssis vitré ajoute à l'idée première, qui était bonne, celle moins heureuse d'une cage et d'une ménagerie.

Le roi assiste aux offices dans une tribune d'assez mauvais goût, qui ressemble fort à la loge infernale de l'Opéra; et les orgues, fort belles du reste, sont tellement rapprochées de la famille royale, qu'en outre de l'étourdissement auquel elles sont peut-être habituées, le vent déchaîné des pédales basses doit souffler en plein sur les traits augustes de Leurs Majestés.

Le tombeau de Jeanne Dorlié, — Dame des Balmes, —

est le seul marbre devant lequel il vaille la peine de s'arrêter. — Cependant les connaisseurs (il y en a beaucoup de convention!) s'extasient devant la voûte en marbre noir de la chapelle du Saint-Suaire, élevée d'après les dessins de Guarini.— On a voulu faire de la dentelle avec du marbre; on a obtenu quelque chose de sec, de maigre et de mesquin. — Il y a, dans les cabinets de physique, de grandes arêtes noires de monstres-marins, qui, réunies en éventail, donneraient une idée assez exacte de ce chef-d'œuvre de sculpture. — Nous avons en France, — ne fût-ce que dans une chapelle de l'église Saint-Michel, de Bordeaux, des échantillons de dentelle en pierre moins remarqués peut-être, — mais infiniment plus remarquables que celle de la chapelle de Guarini.

En somme, il est bon d'avoir vu l'intérieur de San Giovanni pour conserver dans sa pensée un modèle complet des décorations italiennes; — c'est une belle chose, et qui fait ressortir la nudité pauvre et un peu froide de nos églises; — mais je conçois mieux encore, et je garde mes admirations pour la cathédrale de Milan.

Vient ensuite Saint-Philippe de Néri, — qui a une belle réputation de par le monde, et qui en jouira longtemps, car il n'est guère facile de la contrôler. — Les Italiens, qui auraient dû prendre aux protestants des pays voisins le maintien grave et recueilli des fidèles dans leurs temples, se sont contentés de leur emprunter une des habitudes les plus tristes, les plus refroidissantes, les plus désolantes du culte réformé. — Excepté Saint-Pierre de Rome, Saint-Marc de Venise et le Dôme de

Milan, — les églises d'Italie sont fermées, non toute la journée comme dans les villes luthériennes, — mais de neuf heures du matin à six heures du soir. — En Suisse, cette mesure est une source de richesse pour le gardien des clefs; à Turin, vous chercheriez vainement le moindre Quasimodo : les portes et les cloîtres sont sourds.— Lorsque vous parvenez enfin à pénétrer dans l'une de ces arches saintes dont les abords sont défendus pendant toute la durée du *Démon-Méridien*, il ne vous reste plus le jour nécessaire pour apprécier les tableaux des maitres, comme à Saint-Philippe de Néri, par exemple, où les toiles des Maratta et des Solimène apparaissent à mon souvenir comme de petits îlots de goudron perdus et noyés dans un océan de dorures. — Saint-Philippe a été bâti par Juvara, — l'architecte de la basilique antifrançaise de Superga.

La *Consolata*, le *Corpus-Domini*, la *Santa-Maria di Piazza*, et la *Basilica dell'Ordine equestre di SS. Maurisio et Lazzaro*, tiennent le premier rang dans la foule des églises secondaires. — Le roi Emmanuel en a fait construire une nouvelle, dédiée à la Vierge, sur la colline qui domine la ville de la rive gauche du Pô. — Elle s'annonce majestueusement au-dessus du pont qui aboutit sur la *Contrada del Pô*, — la plus belle et la plus large des rues de Turin; — on la voit admirablement depuis la place du *Palais-Madame*.— Puisque j'ai nommé le Pô, je vous dirai que c'est un fort vilain fleuve, ou pour mieux dire un ignoble fossé dans la vase duquel se traîne péniblement une eau verte et infecte. — Se pencher sur un parapet vers le fort de la chaleur, est un suicide par asphyxie. — Ses bords ont été chantés ; j'aime à croire que le poëte les voyait d'autant plus en beau qu'il les voyait de plus loin et ne les sentait pas.

Le théâtre royal de Turin, bâti sur les dessins d'Alfiéri, passe pour être un des plus beaux, un des plus riches, et le plus commodément organisé de l'Italie. — Il est attenant au palais du roi, qui se rend de ses appartements dans sa loge par des galeries intérieures, en traversant la salle des armes et le palais des ministères. — La décoration de la salle est fort riche, les machines sont belles, et l'emplacement réservé à leur jeu est immense. — On donne à ce théâtre beaucoup de fêtes et de bals, — l'opéra et le ballet sont exclusivement l'apanage du temps de carnaval. — Nous avons cependant assisté à une répétition derrière la toile ; et n'eussent été les maîtres de pochette qui s'exaspéraient en italien, il était facile de se croire admis aux mystères de la rue Lepelletier ou de partout ailleurs.

Le théâtre Carignan, celui d'Angennes et le *Sutéra*, sont moins spacieux, mais presque aussi beaux dans leur genre que le Théâtre-Royal ; — ils se partagent l'exploitation de la comédie et de l'opéra-bouffe, pour lequel les Italiens ont une prédilection bien marquée. — Je vous fais grâce des autres ; j'ai commencé par me dispenser moi-même. — Il serait injuste cependant de passer sous silence les théâtres de marionnettes, surtout celui du *Gianduja ;* ils sont là sur leur terrain classique ;

— le peuple applaudit avec frénésie les *artistes de bois* et les *Burattini*. Le *Gianduja*, polichinelle des polichinelles, est depuis longtemps en possession d'une faveur sans exemple dans les fastes de la scène. — La salle entière part d'un seul éclat de rire à ses saillies mordantes, à ses satiriques bons mots. — Enlevez le *Gianduja* aux Turingeois, et je ne réponds pas de la solidité du trône de Charles-Albert.

Le palais de ce monarque, — jadis prince de Carignan, — est appelé *Palais des ducs d'Aoste;* — il est encore dû à Juvara, ou Giuvara, architecte espagnol, dont l'Italie seule fit la fortune et la réputation. — Toutefois, un autre bâtiment plus vaste porte le nom de *Palais-Royal*. — Il me semble qu'il donne une idée assez juste de l'importance de la royauté sarde et de sa puissance relative à celle des autres états. — C'est beau sans doute, — mais il y manque cette ampleur et cette souveraineté pesamment et largement assise de l'Escurial et des Tuileries. Les perspectives y sont restreintes, les jardins n'ont pas d'enfoncements sombres et inconnus, la pensée est étroite, mûrée, le fini et le borné s'aperçoivent à chaque pas. — C'est princier tout au plus, mais ce n'est pas royal.

Le roi, qui a longtemps servi en France et qui a peut-être quelques souvenirs de jeunesse égarés dans les bosquets de Versailles, a fait de son mieux pour ressusciter sous ses fenêtres un mince fantôme de l'œuvre de Louis XIV. — Une douzaine d'orangers alignés autour d'un trou plein d'eau bourbeuse, entourent maigrement un bloc de marbre qui a la prétention de rappeler le *Bassin de Neptune* ou la *Fontaine du Dragon*. — Et c'est tout. — Un grand seigneur serait magnifique avec la fortune de Charles-Albert, — mais un roi ne peut être qu'au-dessous de sa position et de son rang, — ce qui m'a rappelé ce proverbe peu nouveau, qu'il vaut cent fois mieux être dans son village le premier, — que dans Rome le second.

Les habitations royales des environs offrent cependant des compensations à Sa Majesté Sarde. — La *villa Moncalieri*, maison de campagne des jeunes princes; — la *villa Racconigi* et les châteaux de Valentin et de Rivoli, retiennent souvent le roi hors de sa capitale. — Il passe aussi plusieurs mois de l'année dans les camps établis par son ordre sur différents points de ses États. — Les exercices militaires sont, dit-on, le plus vif et le plus habituel de ses plaisirs. — Son armée active, forte de soixante-dix mille hommes de toutes armes, est constamment tenue en haleine. — Plusieurs corps de cavalerie ont une magnifique tenue; l'artillerie porte un costume auquel on ne peut faire que le reproche d'être trop brillant. — Mais les corps d'infanterie sont loin de représenter avec autant d'avantage. — En cas de guerre, les soixante-dix mille hommes sont portés à cent mille, du soir au matin. — Trente mille hommes ne sont éloignés des drapeaux qu'à la condition de se tenir toujours prêts et équipés au premier appel. — Malheureusement, cette armée se compose des éléments les plus hétérogènes. — Les conscrits de chaque province sont placés dans des régiments exclusivement composés de soldats appartenant à cette province. — Ces régiments sont réunis en une seule brigade, qui porte le nom de la province elle-même. Ainsi, il y a la brigade de Savoie, qui n'est formée que de Savoyards, et la brigade de Piémont, dont les cadres sont tous remplis par des Piémontais.— Or, les Savoyards et les Piémontais s'abhorrent ; ce sont deux peuples bien distincts, qui ne vivent pas sous le même climat, qui n'ont pas les mêmes mœurs et ne parlent pas la même langue. — La nature semble avoir mis entre eux des barrières insurmontables : un Piémontais qui arrive en Savoie gagne ordinairement une inflammation sur les yeux ; — un Savoyard n'est pas trois jours en Piémont sans avoir la fièvre, — quelquefois une fièvre mortelle. — De ces différentes causes résulte entre les deux provinces une dangereuse animosité. — L'armée n'est pas une ; les divers corps ne se réunissent qu'avec une répugnance peu déguisée : une part méprise l'autre. Il arrive le plus souvent que les brigades sont respectivement en garnison dans le pays opposé. Par exception, le régiment de Savoie est à Chambéry dans ce moment-ci ; — mais il y avait plus de trente ans qu'il servait dans les autres provinces sardes. — Encore, cette gracieuseté du roi sera-t-elle fatale à ce régiment ; — car tous les officiers se trouvant dans leurs familles, ne font pas dans Chambéry le sixième de la dépense d'un régiment étranger. Lorsqu'un jeune Savoyard voit arriver le moment de la conscription, surtout s'il n'appartient pas aux dernières classes de la société, il n'est pas rare de le voir s'exiler et aller s'engager en qualité de volontaire dans notre armée d'Afrique. — Il en est même un bon nombre, qui, déjà embrigadés, désertent leurs drapeaux et vont s'embarquer à Gênes pour rejoindre la légion étrangère d'Alger. — Les Savoyards se disent Français de cœur; — plusieurs officiers nous ont assuré que si une guerre avait lieu, où la Sardaigne prît parti contre la France, ils se joindraient à nous avec fureur pour se battre contre les Piémontais.

Turin possède, aux carrefours de ses rues alignées, des places vraiment dignes d'une capitale, et des palais particuliers devant lesquels stationnnent d'assez brillants équipages. (Les voitures appartenant à la cour nous ont paru à la hauteur des *locati* de Longchamps). — La place Emmanuel-Philibert, la plus spacieuse et la plus régulièrement bâtie, voit s'élever à son centre un superbe bronze sorti des ateliers de M. Maroccheti, habile sculpteur dont la France a adopté le talent. — Elle est encadrée dans une enceinte de portiques ou d'arcades, qui là, comme dans toutes les principales *contradas* de Turin, dispensent d'un parapluie quand il pleut, ce qui est rare, et d'un parasol les trois quarts de l'année.

La citadelle est un monde : elle et la place d'Armes avaleraient d'une bouchée la moitié de la ville. — Les canons sont scrupuleusement braqués sur un ennemi imaginaire; leurs gueules béantes ont l'air d'être en proie à un éternel bâillement; quelques-uns aboient aux montagnes de Savoie, dont le rideau ferme la plaine dans toute sa longueur. — J'aurai vu le Mont-Blanc de près et de loin, de l'orient et du couchant, du nord et du midi. — Il illumine magnifiquement de son faîte les riches plaines de la Sardaigne et des frontières de la Lombardie; mais il n'est jamais si radieusement beau que du versant opposé, des bords du lac de Genève, où il est vraiment le patriarche, le roi de la création.

Le peuple de Turin est d'une propreté équivoque; son langage est criard et désobligeant pour une oreille étrangère. — Le céleri cru et les *grizins* forment sa principale nourriture, avec les fruits qui se vendent par charrettes dans les rues, et que l'on décharge par monceaux sous les arcades. — De midi à trois heures, les lazzarone s'emparent des bornes placées aux angles des maisons, s'y juchent de manière à tourner le dos aux passants et à embrasser la muraille, et se couvrant la tête avec leur veste, dorment avec d'autant plus de sécurité, que mutuellement ils connaissent le fond de toutes leurs poches, et savent qu'ils n'ont rien à se voler. Les bancs des promenades sont également envahis par ces ronfleurs en plein air. — C'est là, dit-on, une des principales causes de la fermeture des églises, qu'on ne pouvait empêcher, à certaines heures, de se métamorphoser en dortoirs publics.

Il y aurait peut-être de curieuses statistiques à relever

dans la capitale de la Sardaigne, — tout comme aussi dans celle des États-Lombards, — mais elles ne pourraient trouver place dans un feuilleton qui se gardera bien d'aller sur les brisées de M. Parent-Duchâtelet. — Je l'ai déjà dit : ces deux villes sont représentées par trois emblêmes exclusifs.— J'ai parlé des deux premiers, qui sont l'épée et le petit collet ; — qu'un plus habile se charge du troisième.

Je plains les voyageurs livrés aux mains des *Vetturini*. — Je recommanderais presque leur âme à Dieu par provision, s'ils avaient l'imprudence de s'engager avec eux dans la vallée de *Cavaglia*. — Les hommes y disparaissent comme des mouches ; un étranger s'y perd comme une balle de plomb dans un étang : — l'eau se referme, et il n'en est plus question. D'inutiles battues à la bête fauve ont eu lieu dans cette vallée : la police Sarde s'est reconnue impuissante. — Il paraît que les brigands ne sont pas une exception dans la population : ils y sont la règle.

De Turin à Verceil, et de Verceil à Novare, il faut se résigner au pas le plus strict. — Les malles-poste de France font quatre lieues à l'heure : les voiturins de Verceil mettent quatre heures pour faire une lieue. — Sans demander qu'on arrête, le voyageur ouvre la portière, saute sans danger, et accompagne la voiture à pied pour réveiller quelque honte dans l'amour-propre du conducteur.— Quelquefois même on lui dit : « Je vais en avant, vous me rejoindrez. — » Hélas! vous rejoindre! Si vous marchez à votre petit pas, sans vous presser, dussiez-vous faire le tour du monde, le voiturin ne vous rejoindra jamais. Cet arrangement lui convient à merveille, il vous laisse filer, ne fatigue pas ses chevaux, arrive à vide une demi-journée après vous, et demande le trop juste salaire d'une promenade que vous avez faite à pied, en vous disant qu'il arrive encore une bonne heure plus tôt qu'il ne vous l'avait promis et que ses collègues n'ont coutume d'arriver.

En Suisse, les voitures publiques ne vont guère plus vite; — elles s'arrêtent une heure à chaque village, s'attendent aux embranchements des routes, et forcent les voyageurs de faire cinq ou six repas sur une échelle de quinze lieues. — J'ai souvent pensé que tous ces petits États se trouvaient à l'étroit dans leurs frontières, et que pour donner le change aux étrangers sur les dimensions de leur territoire, ils allongeaient les distances par toutes les petites ruses que peuvent inspirer l'amour de la patrie et l'orgueil national. — Ils ont presque réussi à trouver l'étoffe d'un voyage complet de Berne à Soleure, de Soleure à Bâle, et ainsi de suite. Ces cantons sont assez dispendieux à traverser en diligence; mais, en revanche, il faut beaucoup moins de temps pour les parcourir à pied. — Quand vous faites prix avec le conducteur d'un char suisse, il ne manque jamais de vous dire qu'il faudra quatre heures pour une course qui n'en exige que trois, — et trois pour celle où il n'en faut que deux. — Naturellement, il arrive toujours une heure plus tôt qu'il n'avait dit; alors, de s'extasier lui-même sur la manière dont il vous a conduit; il ne mène pas ainsi tout le monde, ses chevaux passeraient vite à ce métier-là. — Vous qui pensiez être encore à une bonne heure de votre destination, vous vous félicitez, et vous vous confondez en remerciments pour le brave homme, qui tend la main à un pourboire exagéré et immérité. — Heureusement pour cette spéculation, toujours remise à neuf et presque toujours aussi fructueuse, que les voyageurs ne ressemblent pas aux taureaux des montagnes de Galice, contre lesquels le picador ne peut jamais employer la même feinte deux fois.

Les *Vetturini* ne sont pas coupables de cette peccadille; on n'a jamais à les congratuler sur la surprise d'une arrivée inattendue; mais ils ont avec les conducteurs suisses un point commun de ressemblance, ils participent d'une même grâce d'état. A peine montés sur leurs siéges, ils s'endorment. — Pas plus la nuit que le jour, non moins le jour que la nuit, l'heure n'y fait. — Une sorte de tic habituel, et passé dans leurs veines figées, les fait à intervalles égaux lever leur fouet comme par un ressort automatique. — Un second ressort leur ouvre la bouche et contraint d'en sortir un petit cri de ventriloque sur lequel les chevaux sont blasés; — mais ils dorment; leurs mouvements sont purement mécaniques et n'interrompent en rien les effluves de leur sommeil. — Il n'est pas que vous n'ayez admiré une fois ou autre ces modèles lilliputiens de voitures royales, que d'ingénieux rouages font rouler seules sur le parquet ciré d'un salon; — le cocher poudré salue et fouette aussi régulièrement que le balancier d'une horloge. — Quand la force de l'acier enroulé est épuisée, la voiture s'arrête, les chevaux s'immobilisent, le conducteur reste pétrifié. — C'est ce qui nous arriva.

Vers minuit, notre équipage s'arrêta.—Point de bruit autour de nous, les étoiles scintillaient sur un firmament sombre, les quatre murs d'une cour solitaire nous enfermaient; dans un angle donnant sur la route, deux lampions fumaient devant une petite madone grillée. — Qu'est-ce? — Où sommes-nous? — Mais c'est le palais enchanté et maudit d'une méchante fée; un chien hurle, et personne ne répond. Cependant, notre homme est bien sur son siége; nous ouvrons la vitre, nous le touchons, nous le secouons, — il dort. — Quant aux chevaux, ils ne donnent signe de vie; ils sont entrés par habitude dans la cour d'une auberge à mine suspecte, où on les a dressés à s'arrêter, soit pour y savourer l'avoine, soit pour toute autre raison.

A nos sollicitations un peu brusques, le cocher s'éveilla en sursaut, reconnut les lieux, et distribua soudain à ses malheureuses bêtes une dégelée de bois et de corde qui dut les réveiller à fond. — Nous sortîmes au galop de cette cour étrange, et en passant devant la Vierge aux deux lampions, je la saluai. — Maintenant, quel était le mot de l'énigme dans tout ceci? — Je ne veux pas porter de jugements téméraires, mais nous étions deux, nous étions jeunes, peu manchots et solidement armés, ce que n'ignorait pas le Vetturino.

Verceil est une ville sans grande importance. — Le voyageur n'est frappé que de l'énorme quantité de saucissons appendus aux devantures des portes, et de la beauté du riz étalé dans des sacs ouverts qui servent de colonnades aux rues. — Grande abondance de fruits, de costumes militaires, quelques belles femmes, trois ou quatre églises renfermant des fresques ordinaires et des mosaïques de marbre assez remarquables, un théâtre, un musée comme on en voit partout; — et voilà. — La Sésia, la Cerva, et cinq ou six autres petites rigoles à demi-desséchées enveloppent la ville dans un réseau plus que malsain. — Les habitants de Verceil sont atteints du même genre d'orgueil national que les voituriers suisses. — Ils construisent un magnifique pont, avec des pierres colossales (je n'en avais jamais vu d'une si exorbitante carrure): les fondements et les premières assises des arches s'étendent sur un rayon d'une demi-lieue, un peuple entier y travaille, on dirait la fondation de Carthage. — Tout cela pour traverser la Sésia, dans un endroit où trente secondes nous ont suffi pour passer à gué. Il est vrai que nous sommes en été.

De Verceil à Novare, les yeux ne peuvent se rassasier de la beauté du Mont-Blanc, qui fuit à l'horizon. — Ses neiges rafraîchissent le regard, qui se reporte ensuite avec étonnement sur des plaines brûlantes, — flambantes de mirage, — où rôtissent de maigres bêtes à cornes couleur de cendre, où chantent des moissonneuses demi-nues, mais voilées par l'énorme envergure de leurs chapeaux de paille.

Novare est une ville romaine qui a joué un rôle assez marquant dans tous les siècles qu'elle a traversés. — Vingt fois elle a changé de maître, jusqu'au dernier traité qui l'a définitivement réunie au Piémont. — On ne saurait douter qu'elle en fasse partie, pour peu qu'on ait déjà vu quelque autre ville du même état, — car au premier abord on n'y distingue autre chose que des soutanes et des uniformes. — Je tombe dans des redites, et j'en demande bien pardon ; — mais le moyen de les éviter ! — Je ne puis que me soulever *sur l'étrier*, passer à bride abattue, et ne consigner encore que la vingtième partie de ce que j'ai vu.

Comme le temps y est habituellement beau, et que les femmes y sont jolies, — les rues et les places ont des balcons spacieux et avancés, recouverts d'un baldaquin à rideaux et à franges, sous lequel les jeunes filles viennent travailler, lire, causer, chanter et regarder. — En sorte qu'il y a beaucoup moins de monde sur le pavé, qu'au premier et au second étage de la rue. — Le soir, il semble qu'on se promène sous une forêt d'oiseaux gazouillants. — Cette mode est charmante, elle enjolive une ville, elle crée des relations de voisinage, elle donne l'habitude de se voir et de se parler sans être astreint à se faire une visite en règle ; — on dit même qu'elle comble une partie des loisirs de la nombreuse garnison de

Novare. — Alexandrie et Pavie jouissent de la même faveur.

Un admirable clair de lune nous éclaira l'*Esplanade*, magnifique terrasse plantée d'ormeaux, sous lesquels on va saluer les montagnes pour la dernière fois. — Le jour, nous avions vu dans les églises plusieurs toiles de l'*Espagnolet*, et entendu l'orchestre de la cathédrale exécutant des symphonies religieuses sous la direction de Mercadante, — tout bonnement; mais aussi n'est-ce pas pour rien que nous sommes en Italie.

Nous avions fait à la *Pollizia*, une petite visite de pure amitié, et si je ne vous en ai pas parlé, c'est que nous nous reverrons à la frontière. — Ensuite de cela, — comme Tacite, Suétone, Pline et Caton, ont longuement écrit sur Novare, — je me crois dispensé d'ajouter un mot de plus à ce qu'ils en ont dit [1].

Demain, à Milan.

---

[1] Novare a acquis une nouvelle et fatale célébrité en liant pour jamais son nom au nom douloureux et chevaleresque de l'infortuné Charles Albert.

Milan, 28 août.

IX.

Passe-temps d'une frontière lombarde.

.

La traversée d'une frontière autrichienne à Boffalora, ou à tous autres confins de ce chatouilleux territoire, exige du voyageur, et surtout du voyageur français, une somme de courage, de patience et d'abnégation qui ferait tomber l'impassibilité du tempérament le plus lymphatique et le plus anti-nerveux.

Depuis le matin, un exercice préparatoire vous conduit, par degrés, à tout le charme de la situation; un assez long apprentissage de résignation crispée, de bâillements, et d'étirages de toute la machine, occupe les interminables loisirs des *Vélocifères*. Car dans tous ces malheureux pays où l'homme ignore encore ce que le cheval peut *rendre,* sur toutes ces routes intrinsèquement courtes, mais qui s'allongent éternellement sous le pas morose et cadencé d'un attelage aveugle, l'amour des contrastes et la haine du vrai font invariablement décorer ces véhicules embourbés des qualifications de *Vélocifères* et de *Diligences en poste.*

Quelque lentement qu'on avance, on finit cependant par arriver, c'est inévitable ; — surtout lorsqu'il ne s'agit que d'aller d'un point quelconque de la Sardaigne, à l'une des extrémités de ce vaste royaume.

En foulant le sol de l'Autriche, une première halte de trois quarts d'heure suffit à la superficielle exploration de quatre ou cinq passeports, lesquels vous sont rapportés noirs de timbres et d'annotations, et remis avec un air méfiant, soupçonneux et inquisiteur qui n'est que la première goutte du calice qui vous attend. — Cette formalité, du reste, se renouvelle si fréquemment dans le double état de Milan et de Venise, que les voyageurs prennent le parti de plier leur passeport comme une carte géographique, et de la coller ainsi en tête d'un petit livret d'une centaine de pages. — Quand le blanc du passeport est si comblé de griffes que le moindre petit visa ne trouve plus à s'y loger, on fait apposer les sceaux sur les feuilles du livret. Sans cette précaution, la police surajoute de son chef à votre sauf-conduit de longues pancartes qui, au bout de quinze jours, augmentent votre bagage d'un effet très-incommode et très-fragile. — Ces gracieusetés reviennent bon, et il faut toujours les compter en première ligne dans le budget d'un voyage en Italie.

Un quart d'heure après cette reconnaissance provisoire, le vélocifère entre sous un vaste hangar destiné aux menus-plaisirs des douaniers. — Les voyageurs descendent, les postillons s'en vont ; les douaniers, assis sur des bancs avec leurs aides-exécuteurs, se regardent le blanc des yeux et se frottent les os des jambes sans se mettre plus en peine de vous que des Alpes qui gardent l'horizon. — Cette situation n'a rien de très-attrayant par elle-même, — mais elle peut se prolonger deux heures durant. La raison en est que la visite des effets ne s'opère qu'à une heure fixe ; — la douane n'ouvre pas un quart de seconde avant l'heure du règlement, — pas plus que la caisse de Robert Macaire. — Seulement, cette dernière referme aussitôt, — tandis que la douane autrichienne, une fois ouverte, ne ferme jamais. — Si le vélocifère arrivait une demi-journée avant l'instant fatal, les voyageurs attendraient une demi-journée sous le hangar, et sans autre distraction que le hangar lui-même. — J'aime à croire que ce rigorisme sauvage n'est pas l'esprit de la loi, mais bien plutôt la stupide interprétation de sa lettre, par des gens qui ne savent pas lire.

Enfin le timbre impérial éclate, et soudain une douzaine

de brigands des Abruzzes — s'élancent sur vous comme des antropophages — vous dévorant déjà de leurs yeux fauves et de leurs doigts crochus. — Impassibles, les bras croisés, et la pipe serrée dans leurs lèvres muettes, les douaniers en uniforme jugent des coups de leurs aides. — Le sol du hangar se jonche de dépouilles, c'est un vrai pillage de Marocains. — Les objets les plus intimes sont mis à nu, et considérés dans toutes leurs parties externes et internes, avec un sérieux dont le comique rappelle ces tableaux où l'on voit une population sauvage se masquer et s'orner en riant des richesses exotiques d'un vaisseau naufragé. Les boîtes sont démontées, le placage en est soulevé, les doigts des gants sont fouillés, les éponges sondées et comprimées, les aiguilles sont comptées, et le fond de l'étui visité.

Tout d'un coup, la horde déprédante se précipite comme un seul voleur autour de nous. — Notre inquisiteur a poussé un cri, la bande entière est accourue. — On dirait une basse-cour assiégeant une poule dont le gloussement avertit les autres qu'elle a trouvé du grain en grattant.

Chaque figure exprime à sa manière l'étonnement et l'indignation. — Les regards des cannibales se tournent avec anxiété vers les douaniers, qui arrivent du pas lent de la justice, — suivis d'un inspecteur spécial, que l'on vient d'avertir à la hâte à cause de la gravité de la circonstance.

Un cercle imposant se forme ; l'inspecteur, un porterespect et les coupables sont isolés dans une sorte de chambre ardente.

— « Est-ce tout ? » — demande l'inspecteur, qui met sous son bras, d'un air judicieux et capable, l'objet saisi.

— « Mais, Monsieur, — il y a erreur, sans doute; il
» y a méprise de votre part; ce qui a tant effarouché
» ces messieurs est purement et simplement une carte
» d'Italie. »

— « Elle a été gravée en France; elle ira aux bureaux
» de censure. »

Pendant le colloque, on s'est rapproché; — une explosion de nouveaux hourras annonce une trouvaille bien autrement importante. — L'inspecteur la flaire et la passe immédiatement sous son bras avec la carte.

— « Mais, Monsieur, — ce livre n'a rien d'incen-
» diaire, — c'est tout bonnement un *Guide en Italie.* »

— « Il a été imprimé en France, la censure l'exami-
» nera. » —

Ce fut alors qu'une troisième détonation me fit craindre que le toit du hangar ne s'affaissât sur nos têtes. — On venait de mettre la main sur un *Guide en Suisse*, pays républicain ! — Encore n'était-ce pas Richard, — car Richard est si connu et si universel, qu'il n'existe plus de frontière pour lui, l'univers entier ne lui étant qu'un tout.

— C'était *Adolphe Joanne,* un nom nouveau sur la liste des Itinéraires, un contrebandier d'idées désorganisatrices peut-être; quel épouvantail et quelle bonne capture! — Après cela, il n'y avait plus aucune mesure à garder avec nous; nous étions des gens de sac et de corde, taillables et corvéables à merci.

Les malles furent refermées tant bien que mal, à coups de poing, à coups de pied, on n'y mit pas tant de façons, — et les sbires vinrent demander pour leur peine, assurant que ces petites vexations ne s'infligeaient pas gratis.

Pendant ce temps-là, l'Itinéraire, le Guide et la Carte, — en prison sous l'aisselle de l'inspecteur, prenaient gravement le chemin du bureau.

— « Mais, Monsieur, — en admettant que la censure
» trouve du plaisir et de l'intérêt à la lecture de ces ou-
» vrages, combien de temps les retiendra-t-elle? »

— » Vous allez à Milan? »

— » Oui, Monsieur. »

— » Alors, vous laisserez à la direction votre nom et
» celui de votre hôtel, et, dans une dizaine de jours, le
» comité de censure avisera s'il y a lieu de vous ren-
» voyer ces objets. »

— » Il existe une petite difficulté, Monsieur : je ne
» passe que trois jours à Milan; la semaine prochaine, je
» rentre en Suisse, où j'aurai un impérieux besoin du
» volume de M. Joanne. »

Alors, une consultation a lieu pour sauver la patrie, évidemment en danger et sérieusement compromise par nous. — L'inspecteur, le directeur, le sous-directeur, se rapprochent et se resserrent en triangle, les douaniers s'écartent pour empêcher qu'on écoute ; — c'est un mot d'ordre.

Sur un signe du Conseil des Trois, la marchandise inculpée est remise à un Monsieur habillé de vert, lequel nous pousse devant lui vers un autre bureau, vraie salle de tortures, par l'aspect de ses presses, de ses tourniquets, de ses balances, de ses timbres et de ses balanciers.

Le chef de ce bureau écrivit et enregistra pendant quarante-cinq minutes ; assurément ce poste ne doit être confié qu'à une tête abondamment pourvue d'imagination. Puis, les objets incriminés furent enveloppés d'un triple rempart de toile et de papier, cachetés sur tous les angles et sur toutes les jointures, et serrés en tous sens par une forte corde dont les deux extrémités furent prises, — au moyen d'un double timbre à vis de pression, dans un scel de plomb estampé à froid.

— Soit dit sans calembourg, c'était un paquet joliment ficelé.

— » Par quelle frontière devez-vous sortir des Etats d'Autriche ? « — demanda le scribe. »

— » Par Sesto-Calende.

Et il continua d'enregistrer.

— » Vous allez signer là, — là, — et là, » ajouta-t-il, » — « ensuite de quoi vous nous déposerez un caution-
» nement ; moyennant cette formalité, ce ballot scellé
» va vous être rendu. La loi vous défend, sous peine
» de perdre votre cautionnement et d'encourir la prison,

» de briser les cachets que nous venons d'apposer. La
» douane de Sesto-Calende va être avertie du jour de
» votre sortie, vous êtes tenu de lui représenter ce pa-
» quet ; elle l'ouvrira et vous remettra votre caution-
» nement après garantie certaine de votre départ immé-
» diat des États.

— » En sorte, Monsieur, que seulement après avoir
» quitté l'Italie je pourrai ouvrir la carte de ce pays ; —
» c'est ingénieux. — C'est-à-dire aussi qu'en entrant en
» Suisse je serai libre de consulter le Guide pour savoir
» quelles sont les curiosités de Milan et ce qu'il y a de
» remarquable dans cette ville ? — Mais c'est on ne peut
» plus délicat, on ne peut mieux entendu. Peste ! quels
» hommes que l'empereur d'Autriche et son très-séré-
» nissime vice-roi ! (¹) »

Et nous prîmes les livres mis au secret, en laissant je
ne sais plus combien de thalers et de zwanzigers.

Or, chemin faisant, une fois que le vélocifère, —
(moins illustre que Rossinante, qui *une* fois dans sa vie
galopa), — eut repris son allure et sa poussière accou-
tumée, je méditais à part moi les réflexions suivantes.

L'Autriche, — qui tient l'Italie terrassée et pantelante
sous sa griffe, — comme un tigre écrase une panthère
sous sa patte, — l'Autriche craint par-dessus tout l'in-
troduction des idées nouvelles, — et je le conçois. —

(¹) La sévérité de cette police est loin d'être inutile ; seulement, elle est ou
elle était d'une pratique fort peu intelligemment entendue.

Elle ne réussira pas, car on n'emprisonne pas une idée, elle se fait jour; si on lui ferme une barrière haute de trente pieds, il lui reste l'air entier pour passer; et quand elle est mûre, elle se développe dans les climats les plus hostiles. — Mais enfin, je comprends la chatouilleuse susceptibilité de l'empereur à cet endroit; — seulement, je blâme le mode d'exécution, le système du cordon sanitaire, et je reste confondu en face de tant d'insolence et de brutalité.

Vous redoutez l'intromission de certaines brochures? — Eh bien! confiez le poste de la frontière à un lettré qui ne fasse pas semblant de lire un volume qu'il tient la tête en bas, comme nous l'avons vu pratiquer par un de vos sbires. — Envoyez un individu capable de faire *ex aspectu* la différence qui existe entre une carte de géographie de votre pays, et le *Livre du Peuple* de M. de Lamennais; — deux choses qui ne se ressemblent guère.

— Mais, direz-vous, c'est un vrai censeur que vous demandez, et s'il fallait un bureau de censure à toutes les frontières, voyez où cela nous conduirait.

— Soit; — passons-en par là, — mettez simplement un homme qui sache lire, et rien de plus. — Dites à cet homme qu'il jette indistinctement aux cachots de votre inquisition tout ce qui porte un titre dont il ne pourra se rendre compte; ordonnez-lui de brûler séance tenante tout ouvrage de littérature ou de politique, j'y consens encore, et c'est votre droit, tant que la force est pour vous. — Mais pour Dieu, quand cet homme mettra la main sur des ouvrages aussi inoffensifs que les *Guides* et les *Cartes* de votre propre territoire,—ouvrages dont vous laissez étaler et vendre les exemplaires jumeaux dans vos villes même, ne le contraignez pas d'en démunir le voyageur, à qui ils ne sont utiles que chez vous et non hors de chez vous. — Car en vérité, ceci est absurde, ridicule, et d'une grossièreté qui n'a pas de nom dans les pays civilisés.

Et je considérais ce morceau de plomb, — marqué aux aigles impériaux, — comme une parcelle de cette immense servitude glacée qui pèse sur l'Italie, songeant qu'un jour viendrait où l'air brûlant du siècle fondrait l'un et détruirait l'autre, malgré les douanes, les censures et les frontières, — mais par la force des choses, la marche naturelle du temps, et la marée montante, lentement progressive et irrésistiblement envahissante, des idées nouvelles (¹).

— « Il Duomo ! » — s'écria un voyageur.

En effet, nous entrions dans Milan, qui ne s'aperçoit que lorsqu'on le touche, en y arrivant par la route de Novare.

(¹) Il ne faut pas oublier que la Lombardie, qui est *Italienne*, appartient à l'Autriche, qui est *Allemande*. Son désir d'émancipation, quoique nuisible, je le crois, à ses intérêts matériels, est au moins légitimé par sa position topographique et ses traditions ; — on la plaint et on l'excuse.

Milan, 30 août.

X.

Milan, premier aspect. — Les Omnibus. — les Balcons. — Les Voleurs.

De magnifiques uniformes de grenadiers, — que j'avais déjà admirés dans quelque gravure éditée en 1815, veillent aux barrières de la ville ; et pour la seconde fois s'avancent des gendarmes qui emportent nos passeports dans une officine où ils les contrôlent tout à leur aise et sans se presser. — Ils ne vous les rendent pas, mais vous donnent en échange une carte provisoire, où est reproduit votre signalement, et où vous déclarez d'avance, — formalité gênante et souvent impossible,

— l'hôtel où vous allez descendre. — Dans les vingt-quatre heures, vous êtes tenu de vous présenter au bureau général de la police. — Ce temps expiré, votre passeport est considéré comme nul; il faut alors avoir recours à toutes les ambassades de France et de Navarre, pour se tirer honorablement de ce mauvais pas. — Que si vous êtes exact à vous rendre dans le délai prescrit, — la polizzia ne vous fait guère perdre plus de deux heures, ne vous oblige pas de recevoir plus d'une douzaine de signatures et autant de cachets, et ne s'en rapporte même pas à votre générosité native pour la somme de reconnaissance à lui devoir, si elle consent à vous rendre ce qu'elle vous a pris.

Je considère un passeport comme un boulet de galérien. — Rien n'est plus assujettissant, rien n'est plus lourd à traîner avec soi; — et cependant, si on s'en débarrasse, on a tout à craindre, on est exactement dans la position d'un forçat évadé, — et le premier venu en épaulettes ou en écharpe a le droit de venir vous arrêter.

Voici ce que je lis en tête d'un passeport :

« *Nous, etc., requérons les autorités, etc.,* DE LAISSER CIRCULER LIBREMENT, etc. »

— Or, la chose qui fait précisément qu'en voyage vous ne circulez pas librement, l'entrave la plus forte et la plus incessante apportée à votre libre circulation, c'est le passeport. — Les hommes se sont ingéniés pour inventer une manière d'être libre qui consistât à ne pas l'être du tout. — En fait de liberté, les passeports sont au niveau de certaines mesures de propreté que l'on prend à table : rien n'est moins propre.— Les passeports établissent le libre passage du voyageur, à peu près comme les *chut* et les *taisez-vous* établissent le silence dans un auditoire : en commençant tout juste par faire l'opposé de ce qu'ils demandent. — Jamais Sem, Cham et Japhet ne seraient parvenus à peupler la mappemonde, si le Seigneur avait prié les montagnes et les fleuves de les laisser circuler librement.— Ce qui veut dire qu'il est infiniment plus aisé de traverser un pays sauvage où vous n'êtes pas recommandé, que le moindre petit bout d'Europe où la civilisation se sera complue à vous entourer de toutes les facilités qu'elle a inventées.

La *polizzia* de Milan, — dont le manteau est largement troué à plus d'un endroit, l'a cependant d'étoffe solide à celui des signalements. — Dieu garde le vôtre d'une faute d'orthographe, d'une transposition de mots ; cela couvre une conspiration, cela est gros d'émeutes et d'anarchie : le passeport ne passe pas.

Vivent la France, encore mieux la Suisse, et surtout l'Angleterre, pour la manière large et rationnelle dont la police traite les étrangers. — Voyager dans ces trois pays, c'est manger du pain blanc auprès de celui des États-Lombards, — dont la farine est du noir le plus opaque et le plus indigeste.

Un vrai ciel d'Italie éclaira notre entrée dans la capitale du gouvernement de Milan. Une population brillante et bruyante encombrait les places, les promenades et les portiques des palais. — Le *Corso* ressemblait dans tout son parcours à une fête pleine de richesse, d'élégance et de distinction. — Les équipages découverts se succédaient sans interruption, emportant les toilettes les plus fraîches et les mieux portées; c'était Longchamps, c'était Paris. — La ressemblance fait illusion au premier abord. Le Tasse et Montaigne en furent frappés aussi dans leur temps; d'où il est facile de voir que Milan s'est toujours maintenu par un côté au niveau de la moderne Babylone. — Mais déjà je trouvais que ses omnibus avaient le pas sur les nôtres. — Figurez-vous une vraie gondole de Venise, plus l'éclat des couleurs et le reluisant des dorures; une corbeille, un berceau, tout ce qu'il y a de plus gracieux comme forme. — La nacelle se termine par une main-courante à hauteur des coudes, — de laquelle s'élancent de frêles colonnettes en acajou, supportant en forme de baldaquin une draperie de damas cramoisi dont les angles sont rehaussés de torsades dorées, et les festons bordés de larges franges d'or. — Que deviendraient de pareilles magnificences sous le climat relâché de notre cité bordelaise, qu'au temps d'Ausone on appelait déjà le...... réservoir de la Guienne? — Mais à Milan les omnibus-boudoirs sont respectés par la température. Vingt-quatre personnes y trouvent place commodément, et c'est un coup d'œil charmant que le passage de ces voitures aériennes dont tous les voyageurs sont vus, et qui étendent sur le *Corso* une fraîche guirlande de jolies têtes, d'écharpes légères et de bras nus ; sans compter qu'elles glissent devant vous comme des apparitions, car le milieu des rues est rayé par deux voies dallées en belles pierres plates, — ornières où passent les roues sans bruit et sans cahots, les chevaux seuls touchant le pavé ordinaire.

Une foule d'élégants à cheval et à pied longeait des deux côtés la chaussée fashionable ; on eût dit une délégation d'Humann, une contrefaçon heureuse et réussie du Club-Jockeis, un dandysme d'importation parisienne et anglaise, anglaise surtout, car les insulaires abondent là comme partout, et ils y sont, comme partout, longs, grands, minces, étriqués dans leurs pantalons, malheureux dans leurs emmanchures, prodigieusement cigognes dans leurs cravates, et bossus dans leurs collets d'habits ; en somme, niais et hideusement habillés, mais toujours très-distingués. Il leur revient de droit cette spécialité, d'inventer les modes les plus maussades et de s'en fabriquer des airs de haut ton et de bonne compagnie que toutes les règles de l'art et du goût ne donneraient jamais à l'Antinoüs le mieux vêtu. — D'où vient donc cette bizarrerie ? — Serait-ce qu'en fait de noblesse et de distinction, nos idées seraient faussées quelque peu et auraient dévié des théories primitives ? — Un Anglais a l'air bête, mais il a l'air distingué. — Cependant, la bêtise n'est pas le *sine quâ non* de la distinction, ni réciproquement. — Explique qui pourra.

Au-dessus de cette vague sans cesse renaissante, de

cette onde toujours remplacée, de ce cortége flottant du *Corso,* une seconde population plus digne, mais aussi belle et aussi brillante, remplit les spacieux balcons et se penche avec curiosité sur la fête d'en bas. — Ces balcons, ces galeries sont à elles seules de ravissants petits palais. — Les colonnades en sont recouvertes de lourdes tapisseries, de riches velours, quelquefois blasonnés et brodés aux armes du palais ou de la maison noble auxquels ils appartiennent. — Au-dessus du balcon, sous un dais ou ciel déjà formé par un recouvrement en maçonnerie sculptée, descendent de larges bandes en damas de diverses couleurs, en harmonie avec celles des champs de l'écu. — Deux de ces bandes garantissent les deux extrémités de la galerie; les autres flottent capricieusement et fouettent la colonnade, s'ouvrant, s'élargissant, se tordant, et se refermant au gré variable des bras dont ils font éclater la blancheur. — Un regard indiscret fait souvent qu'en place de deux yeux brillants, d'un joli front, d'une petite bouche et d'une taille charmante, on n'aperçoit plus, en moins d'une seconde, que deux petites mains effilées qui retiennent l'une contre l'autre, comme des griffes de marbre, les deux portières de velours grenat.

A côté de ce luxe et de ces pompes mondaines, l'étranger voit avec étonnement de petits tableaux de saints appendus aux murs des rues. — Plusieurs de ces tableaux reposent sur des autels extérieurs, — garnis de leurs nappes et de leurs broderies blanches, ornés de bouquets, de flambeaux, et d'une ou même plusieurs lampes grillées que la piété des fidèles entretient jour et nuit. — Un peu plus loin, c'est un blason qui remplace l'ex-voto ; — mais à peu près partout, on est sûr, en levant les yeux, de trouver les deux aigles d'Autriche au-dessus de sa tête. — La composition des trois-quarts de la population milanaise nous donnerait le secret de ces contrastes ; mais j'estime qu'on me saura gré de ne plus revenir, même avec de nouveaux détails et de nouvelles données, sur le peu que j'ai laissé entrevoir à propos de Novare, d'Ivrée et de Turin.

Les cafés me paraissent être le fond de l'existence en Italie. — Le Pactole doit ruisseler dans les comptoirs de ces établissements. — La chaleur excessive obligeant les consommateurs d'*acqua-marena*, de *graniti*, de *sorbetti*, et de *pezzi*, de fuir l'intérieur des salles enfumées, — il en résulte des encombrements dans le vacarme desquels on a quelque peine à se faufiler. Aussi fait-il bon tenir ses poches, et Milan a-t-il pour second point de ressemblance avec Paris une masse incalculable d'individus qui se lèvent le matin sans savoir quelle nature de ressources leur permettra de dîner le soir. Or, les poches des autres contiennent beaucoup de ces ressources. — De plus, la sûreté n'est pas excessive, dit-on. — La police, cette inflexible police des passeports, y permet bien des choses, en tolère honteusement et politiquement beaucoup d'autres, et se voit dans l'impuissance avouée d'en réprimer de plus dangereuses encore. — Un étranger qui ne connaît pas les rues de Milan, fait prudemment de ne sortir qu'armé.

Quant aux simples voleurs, aux filous, ils sont d'une adresse qui en revendrait à Cartouche et à Mandrin. — On nous cita un de leurs tours, exécuté il y a quelques années à la face de Dieu et des hommes, *coram populo,* et avec une audace inouïe :

Une splendide procession de la cathédrale avait concentré la foule dans la plus large rue de la ville. — Déjà avait passé, au milieu des masses impénétrables et à la faveur d'une double rangée de hallebardes autrichiennes, le déploiement fabuleux des pompes catholiques du Dôme. — Venait l'officiant, portant sous le dais un ostensoir féerique par ses pierreries et ses dimensions, un des plus beaux joyaux du trésor de la cathédrale. — Soudain sort de dessous terre un faux sacristain, grimé à tromper l'œil du prélat. — Il entre sous le dais, explique je ne sais quoi à l'oreille du prêtre, qui, après avoir déplacé l'hostie, troque contre un chandelier de cuivre le magnifique soleil d'or massif, — que le prétendu sacristain emporte en plein midi, sur la voie publique, à la barbe des moines et des mousquetaires, à la face de la cité toute entière formant deux haies pour le regarder béatement passer.

Oncques depuis n'en fut question.

Milan, 31 août.

XI.

Il Duomo.

Au centre d'une place irrégulière appelée *place du Dôme*, s'élève un colosse de marbre d'une blancheur éblouissante, — haut de plus de cent mètres, large de quatre-vingt-dix, et long de cent cinquante. — C'est la cathédrale, c'est le Dôme, un des monuments les plus bizarres et les plus extraordinaires de la chrétienté.

Commencé vers la fin du XIVe siècle, — continué depuis cette époque presque sans interruption, poussé avec un redoublement d'activité par les ordres de Napoléon, cet édifice énorme n'est cependant pas encore terminé aujourd'hui, bien qu'on ne cesse d'y travailler. — Aussi l'unité de style est-elle absente, et le vaisseau qui a traversé les âges conserve-t-il comme un reflet des différents soleils qui l'ont éclairé. — C'est un spectacle du nombre bien rare de ceux qui renversent complétement l'idée qu'on s'en était faite d'avance. — L'imagination voit s'ouvrir une porte nouvelle, le sentiment de l'appréciation et de la comparaison est dérouté, car la mémoire ne se rappelle rien d'approchant, et le jugement ne sait plus à quel guide s'en rapporter. — Comme toutes les merveilles, le Dôme est une exception et un caprice; il est en dehors des limites de l'art, il échappe donc à la critique. — Il faut se laisser subjuguer par l'impression reçue, sans rechercher les causes, sans demander compte du mode premier qui produit l'effet.

Isolé sur le pavé de la place dont la pente doucement ménagée va montant vers les marches du temple comme un immense parvis, le spectateur qui regarde la façade éprouve d'abord une sorte d'éblouissement. — Il faut un certain temps pour s'habituer à contempler en face l'éclat de ce magnifique triangle de marbre resplendissant sous le soleil. — On a quelque peine à se faire à cette transition si brusque de nos églises gothiques noircies par les déluges de nos hivers. — Et quand l'œil, plus assuré, plus maître de lui, commence à pénétrer les mystérieuses beautés de ce monde nouveau qui se déroule sur le frontispice sacré; lorsqu'il s'engage, encore égaré, à travers ces forêts de pilastres, de colonnes, d'aiguilles, de pyramides, de cariatides, de statuettes, de consoles, de niches, de rosaces, d'emblèmes, de sculptures infinies et d'ornements de toute forme et de toute grandeur, il se détourne aussitôt comme effrayé de la prodigieuse tâche qu'il a entreprise; et cherchant à faire passer à l'âme sa première sensation, il se voit forcé de lui avouer qu'ayant voulu tout regarder, tout embrasser dans son étroite prunelle, il n'a rien vu.

De son côté, servilement captive dans la *bête* découverte par M. Xavier de Maistre, l'âme ne peut que se dire : Si je savais commander à *l'autre*, si j'avais la force de le retenir un an, un lustre entier en deçà des montagnes, nous viendrons ici tous deux chaque jour de ce lustre, et nous consacrerions chaque heure du jour à voir superficiellement un des détails de cet ensemble surhumain. — Et lorsque nous aurions de la sorte consacré vingt et une mille heures de notre double existence à l'admiration rapide et provisoire de cet univers incréé, — nous pourrions renoncer à l'achèvement de notre entreprise, parce que la vie de *l'une* et de *l'autre* ne serait pas assez longue pour la mener à bonne fin.

La voûte extérieure de l'édifice est comme plantée d'une forêt d'arbres de marbre blanc, dans laquelle s'entrelacent des myriades d'arêtes, de pyramides, de galeries, d'arcs-boutants, d'escaliers, de socles, de baldaquins, de gouttières découpées, de reliefs inimaginables, d'oliflans, de licornes, de griffons, de serpents ailés, de dauphins, et de toutes les fantaisies créées depuis six mille ans par l'imagination des architectes et des sculpteurs. — En outre, ce monde est habité par un peuple de dix mille cinq cents statues, dont quelques-unes plus grandes que nature, — auxquelles on va incessamment en ajouter cinq cents autres déjà sur le chantier, pour compléter le nombre de onze mille que comporte, dit-on, le projet primitif. — Une aiguille principale s'élance de l'extrémité supérieure de l'axe du dôme; elle est reine et domine toutes les autres à une hauteur qui la fait apercevoir de fort loin, portant à sa pointe une statue de la Vierge, en cuivre doré, qui n'a pas moins de quinze pieds. Cette dernière aiguille contient une lanterne d'où la vue est merveilleuse, — autour de vous d'abord, à vos pieds, dans ce fouillis inextricable, dans ce prodigieux labyrinthe, sorte de Babel muette dressant silencieusement ses millions de têtes contre le ciel qu'elle semble menacer; — puis ensuite, au dehors, à l'horizon, — sur l'océan de verdure des riches plaines de la Lombardie, sur les Apennins, sur les Alpes, sur l'espace azuré du ciel, enfin sur un beau coin du magnifique tableau de l'Italie, qui se déroule et se perd dans les lointains bleus et infinis.

On comprend qu'un monument tel que celui-là n'est pas enclavé à sa base dans les mansardes et les toits des bourgeois milanais. La circulation est largement libre tout autour, et l'admiration peut se promener à son aise sur tout l'extérieur de cette arche des temps nouveaux, — revenant toujours à la façade, dont elle ne peut se lasser. — Parmi les beautés qu'elle renferme, il faut citer les premières cariatides, — gigantesques morceaux de marbre, — et qui sont autant de chefs-d'œuvre. — Je passe rapidement : ma plume de fer s'userait à la simple énumération de tout ce qui éclate et resplendit sur ce triangle radieux.

Cinq portes s'ouvrent sur la plate-forme, à laquelle conduisent des marches pleines de grandeur et de majesté, — et qui semblent, — quand on les gravit, — vous préparer, avec une lenteur solennelle, à l'imposant et redoutable spectacle de la maison de Dieu.

La porte du milieu est flanquée de deux colossales colonnes d'un seul jet de granit; j'ai vu depuis, à Bavèno, les carrières cyclopéennes d'où elles ont été extraites.—J'ignore comment Samson les attaquerait, et par quel endroit de leur sphère il les prendrait pour les faire bouger d'une ligne, Dalila offrît-elle de lui rendre tous ses cheveux.

Mais j'entre... et je courbe la tête, écrasé, anéanti sous le poids de cette majesté, de cette gloire dont parle saint Paul. — Si c'est là une œuvre de la main de l'homme, quels étonnements ne nous réservent pas les splendeurs éternelles, œuvres de la main du Très-Haut! — Voici qu'une porte nouvelle s'ouvre dans mon entendement; la puissance humaine s'élève et grandit autour de moi; je n'avais pas l'idée de tant d'espace, de tant d'air enfermé dans tant de marbre! — Le jour douteux,

presque brumeux qui m'environne, exagère encore les proportions de cette immensité, et cependant, un charme inouï m'entraîne et me retient sous cette voûte céleste; je songe avec douleur qu'il faut l'entrevoir comme en songe, tant je suis pénétré de cette beauté répandue, tant je suis baigné de bien-être dans cette atmosphère harmonieuse, tant je suis prêt à m'écrier avec l'apôtre :
— « *Domine, bonum est nos hic esse!* — »

Une impression est toujours intraduisible, surtout lorsqu'elle résulte d'un effet d'ensemble, pénétrant à la fois par tous les sens, enveloppant tout cet organisme sensible, élastique, poreux, qui s'imprègne comme une éponge de tous les fluides extérieurs. — Ici, il serait superflu de vouloir analyser un effet qui peut varier selon la disposition, le tempérament et la nervi-motilité de chaque individu; il n'y a qu'une chose possible à dire : « Entrez sous la cathédrale de Milan, et *éprouvez* à votre manière et suivant la force que le sentiment du beau a mis en vous. »

L'intérieur a la forme d'une croix latine. — Le pied de la croix se compose de cinq nefs parallèles, — celle du milieu a vingt mètres de largeur et cinquante d'élévation. — Une soixantaine de piliers de marbre à cannelure octogone, partagent les nefs et soutiennent les voûtes, sur des chapiteaux à huit niches en ogive, dont chacune contient une magnifique statue. — Chaque pilier se compose lui-même d'un faisceau d'innombrables colonnes réunies par un seul cordon.

Quatre pilastres d'une force supérieure portent à eux seuls l'entablement circulaire de la coupole, sur lequel se dresse un diadème de soixante statues; — car l'intérieur du dôme rivalise avec l'extérieur pour le nombre des statues, qu'il est impossible de compter sur place, à plus forte raison ici. — Mon souvenir a seulement retiré de la foule deux groupes en bronze massif, soutenant les deux chaires de la grande nef, représentant, à gauche, les quatre premiers pères de l'Église; à droite, les quatre évangélistes. — Nous admirâmes aussi, avec un indéfinissable sentiment d'horreur, la si fameuse statue de saint Barthélemy, — plus connue sous le nom de l'*Écorché*, — au socle de laquelle la vanité du sculpteur ou de ses enthousiastes fit graver ce vers :

Non me praxiteles, sed Marcus finxit Agrates.

Les savants et les connaisseurs n'ont pu se mettre d'accord sur la valeur artistique et l'exactitude anatomique de ce chef-d'œuvre de *charcuterie*.

Il faudrait des volumes pour rendre compte de la magnificence des mausolées élevés et adossés aux parois des chapelles latérales. — Une description froide et géométrique ne remplace pas l'aspect du monument du cardinal Caracciolo, ni la vue de l'urne en marbre rouge qui contient les cendres d'Othon Visconti, duc et archevêque de Milan. — Ange Sicilien a sculpté, au-dessus de ce monument, la statue de Pie IV, et François Brambilla a exécuté, dans les soubassements, les plus jolis groupes, les plus gracieuses figures. — Du reste, il n'est pas un seul détail de l'église qui n'ait son mérite intrinsèque d'abord, comme matière première, et ensuite sa beauté acquise sous la pensée ou le ciseau d'un grand maître. — Tout cet or, tout cet argent, tout ce cuivre, tout ce marbre, tous ces bois rares et précieux, ont, pour les recommander à la postérité, des lettres de noblesse sorties des mains des *Pellegrini,* des *Agrati,* des *Buonarotti,* des *Pompée Marchesi,* des *Monti de Ravenne,* des *Bambaja,* des *Gobbo,* des *Leone Leoni,* des *Busti,* des *Lombardo* et vingt autres rayons formant cette étincelante pléiade qui couronne l'art en Italie. — Michel-Ange lui-même, — dont les syllabes harmonieuses ont conquis plus de popularité en France, — a mis sa signature au bas de ce brillant concours : c'est d'après les dessins envoyés par lui que fut érigée la belle chapelle du marquis de Marignan, Jean-Jacques de Médicis.

La vue est tôt fatiguée à contempler toutes ces œuvres, parce qu'elle cherche et ne peut trouver un endroit grand comme la main où se reposer avec indifférence. — Ce n'est pas même un soulagement de baisser les yeux à terre, car tout le pavé des cinq nefs n'est qu'une admirable et régulière mosaïque en marbres de couleurs diverses. — Si on les ferme et qu'on se recueille sous la nuit des paupières, on entend tout le bruit de la place et de la cité entrer tumultueusement par la grande porte toujours ouverte et dans laquelle flottent de simples rideaux dont la sombreur retient le jour; — ce bruit s'avance, monte dans la nef, et se fond dans les voûtes en oscillations harmonieuses et vaguement sonores, comme si l'air du temple, qui purifie tout, changeait en concerts célestes et en saintes louanges les clameurs et les emportements de la foule insouciante. — Alors, et malgré soi, on se reprend à sonder du regard les profondeurs de l'énorme coupole, pour y chercher les légions mystérieuses, les esprits invisibles qu'on a cru entendre, et dont les ailes viennent d'effleurer les harpes divines.

Les fonts baptismaux contiennent sous leur tabernacle un vase de porphyre dont la destination a varié avec les siècles. — Son origine est inconnue; on sait seulement qu'il a longtemps été employé dans les thermes de Maximilien. — Plus tard, il a servi d'urne funéraire et a contenu les cendres de saint Denis, évêque de Milan, et de plusieurs autres martyrs. — Mais aujourd'hui, et depuis saint Charles Borromée, qui en décida ainsi, il renferme l'eau baptismale dans laquelle le rit ambroisien fait plonger la tête des nouveaux-nés. — Car saint Ambroise, qui était archevêque de Milan dans le quatrième siècle, introduisit dans le rit catholique romain, alors suivi dans son diocèse, une foule de réformes et de variations qui en font encore aujourd'hui le plus pompeux et le plus solennel de la chrétienté. Il a conservé le nom de rit ambroisien, bien que cette liturgie ait, dit-on, son origine cachée dans les rites les plus antiques de l'Orient. — C'est ainsi que le baptême par immersion fut longtemps le seul adopté par la primitive Église. — Les traditions de saint Ambroise ont été religieusement et rigoureusement conservées par plus de cent vingt archevêques, qui les ont transmises intactes à S. E. le cardinal comte de Gaisruck, prélat actuel.

Les chapelles de la vierge *dell'Albero* et de sainte Catherine de Thècle, sont d'un fini, dans leur ensemble et leurs détails les plus minimes, qui fait à la fois et qu'on les perd dans l'édifice auquel elles se relient sans brusque rupture, et qu'on les retrouve séparément, détachées, isolées dans le grand tout, et capables de retenir à elles seules une admiration déjà faite aux prodiges. — Cette dernière a sur son autel une châsse de verre, qui laisse voir le crucifix authentique processionnellement porté par saint Charles pendant la terrible peste de Milan, au seizième siècle.

Le corps du saint archevêque est lui-même exposé aux regards des fidèles dans une chapelle souterraine appelée le *Scurolo*. — On y descend par deux grilles de fer latérales. Les bas-reliefs de la voûte du *Scurolo* sont d'argent massif; ils représentent les principaux traits de la vie de saint Charles; huit cariatides du même métal allégorisent ses vertus. — Le luxe de ce souterrain, — placé sous le maître-autel du dôme, — rappelle les richesses péruviennes entassées à Saragosse dans la petite chapelle de *Nuestra Señora del Pilar*. — Qu'il me suffise de vous dire que les archives du dôme portent à plus de quatre millions les principales dépenses faites dans cet espace de vingt pieds carrés.

Une châsse tout en lames de cristal blanc, à nervures d'argent, offrant à sa partie supérieure un épais écusson d'or massif aux armes du roi d'Espagne, Philippe IV, qui en fit présent, renferme le corps embaumé du saint prélat. — Sa tête mitrée est appuyée sur un coussin d'or; les pierreries et les diamants de ses habits pontificaux lancent les rayonnements de leurs feux dans la transparence du cristal. — On ne peut se défendre d'une émotion profonde en contemplant de si près les traits conservés de ce grand homme, père de toute la contrée, qui en parle encore pour le louer, le bénir et le regretter, comme si d'hier seulement datait sa perte! — Qelle sérénité dans ce visage auguste! — Comme les siècles s'écoulent sans bruit au-dessus de ce front endormi et qu'on dirait encore plein de pensée! C'est bien le juste reposant dans la paix du Seigneur! — Jamais les rois n'ont eu de sépulture si glorieuse! — Le tombeau de Mausole étonnait par la hardiesse de ses proportions, son ombre couvrait la terre; mais le froid et la solitude l'habitaient seuls : la mort elle-même servait de temple à la mort. — Ici, au contraire, depuis bientôt trois siècles, le corps de l'élu de Dieu a vu se succéder, heure par heure, l'innombrable cortége de ceux qui viennent, à genoux et mains jointes, réclamer un peu de cette protection dont Charles Borromée, pendant son admirable vie, couvrait spirituellement et temporellement tous les enfants de son pays. — Le cercueil n'est pour lui qu'un trône; il règne, et l'éclat de sa mitre reçoit comme un reflet splendide des diadèmes éternels.

Les sacristies contiennent les *débris* de l'ancien trésor de la cathédrale. — Le bedeau qui vous en ouvre les portes commence invariablement toutes ses phrases par : — « *Vous n'avez jamais rien vu d'aussi beau que, etc., etc.* » — Le bedeau se trompe : nous avons vu dans la Péninsule des trésors autrement beaux et autrement riches. — Je conviens toutefois que les *débris* de celui-ci donnent une idée assez complète de ce qu'il pouvait être jadis, et suffiraient à l'ordinaire de bien du monde. — Le travail de plusieurs groupes, la ciselure de quelques calices et surtout d'une patène en or, un pallium brodé à l'aiguille et représentant la naissance de la Vierge, sont dignes d'une minutieuse adoration. — Saint Ambroise et saint Charles y ont leurs deux grandes statues en argent massif. — Ce métal a encore servi exclusivement à façonner un devant d'autel dont le poids est fabuleux.

Milan, 31 août.

XII.

Digression à propos de vitraux.

Dans tout ce qui touche à l'art proprement dit, il est des traditions que les masses acceptent sans contrôle, et, — pour me servir d'une locution devenue triviale, — comme parole d'Évangile. — Ces traditions forment en quelque sorte un Code dont les lois sont inviolables, irrévocables; d'où vient qu'au milieu des voies de progrès et d'amélioration dans lesquelles entrent aujourd'hui toutes choses, — l'art, lui seul, — par un déplorable et inexplicable privilége, — s'entend condamner, par des *jugeurs* inflexibles, à rester irrévocablement muré dans les limites de ce qui a une fois été reconnu *bon*, — on ne s'inquiète même pas de la possibilité qu'il y aurait à ce que ce *bon* suranné devînt *meilleur*. — Qu'on me comprenne bien, qu'on ne passe pas à côté de mon idée pour en découvrir une qui n'est pas la mienne, qu'on tâche d'entrevoir les désastreuses conséquences de ce rigorisme irrationnel.— Je sais établir une différence entre le *jugeur* et le connaisseur, entre un déterreur de toiles incomprises et un admirateur pratique du Sanzio. — Mais les premiers sont en majorité; leurs arrêts font poids parce qu'ils font nombre, et l'art en reçoit de cruelles atteintes. — Je vais m'expliquer.

Il est dans ma pensée, que depuis l'œuvre des six jours jusqu'à la fin du monde, l'homme et ses œuvres sont perfectibles. — Je ne connais pas le décret éternel qui a circonscrit dans une époque, dans un jour, dans une génération, dans un homme, l'apogée définitif des productions mortelles, le zénith infranchissable des ouvrages humains. — Je comprends donc que l'art suive une marche lente, mais progressive avec sagesse, avec mesure; je comprends que ce grand fleuve s'accroisse en traversant les générations instruites de tous les ruisseaux que chaque siècle, chaque peuple épanche dans son sein. — Mais je ne puis comprendre que le sculpteur de Galathée s'arrête vaincu par la beauté de son œuvre; je ne puis comprendre que l'homme s'écrie en regardant la création de ses mains : « J'ai porté l'art aux colonnes d'Hercule, la postérité ne le fera pas avancer d'un pas! » — Je ne puis comprendre que la postérité s'incline découragée devant l'orgueil de cet arrêt, et qu'une succession d'hommes de génie se laisse intimider et étourdir par les Panurges qui leur crient : — « Jetez donc vos pinceaux, brisez donc vos burins, car d'autres ont fait avant vous mieux que vous ne pourrez jamais faire ! » — D'où il résulte inévitablement que l'art reste stationnaire, parce que la crainte le frappe d'impuissance, et que les pontifes paraissent si haut montés sur les combles du temple, que nul néophyte ne se hasarde à en gravir les premiers degrés, n'osant pas, et fermement imbu de l'impossibilité où il est d'aller jamais aussi haut.

La terre est couverte d'une légion d'individus teintés à l'épiderme par une demi-douzaine de vocables artistiques et d'autant de noms en *o* et en *i*. — Gonflés dans cette pellicule infinitésimale, et croyant le Gros-Jean considérablement déguisé, — ils abordent, le front haut, le lorgnon incrusté dans l'orbite oculaire, — les toiles dont ils ont eu soin de lire la signature à la dérobée, par provision de jugement.

J'en ai vu, — de ces Aristarques, — se carrer insolemment devant les chefs-d'œuvre qu'ils ne comprenaient pas, — mais dont ils essayaient d'usurper la gloire par une sorte d'assimilation, par un mensonge effronté, un escamotage indigne, poudre jetée à l'étonnement béotien des dupes, — et qui consiste à faire croire, au moyen d'un enthousiasme ampoulé à froid, — qu'il existe entre eux et le chef-d'œuvre une consanguinité honorable, et qu'après tout, une appréciation aussi distinguée et aussi technique comble toute la distance que l'auditoire aurait pu soupçonner entre l'artiste et son juge, en élevant la théorie du connaisseur au niveau de la pratique du maître.

Que, d'aventure, ils viennent à déchiffrer un nom que la voix du peuple ne leur a pas apporté tout fait, ils détournent la tête avec mépris, et s'écrient comme pour respirer dans un air plus pur : — « Ah ! parlez-moi du divin d'Urbino !... Avez-vous vu les ovales du Tintoretto ? Comme c'est jeté ! comme c'est flou ! comme c'est naturel ! » — Et ramenant un lorgnon dégoûté sur la toile où leur regard croirait déroger, ils disent encore, et sans plus d'importance que s'ils parlaient du temps : — « Quel est le bourgeois qui a fait cette omelette ? — Dites-lui donc de planter ses choux, à ce brave homme, si vous le connaissez. » — Et voilà.

Mais, malheureux tueur que vous êtes, oubliez-vous donc que vous avez défiguré des voyelles et des consonnes avant de savoir écrire les comptes de votre cuisinière ! — Ne savez-vous pas, — comme l'a dit un grand poëte, qu'en écrasant le gland, vous détruisez le chêne ? — Vous venez peut-être, en brisant l'œuf, de détruire un aigle. — Si Raphaël inconnu se fût présenté devant vous sans son auréole, vous ne l'auriez jamais deviné ! — Vous auriez effacé de votre talon les lignes que le

Giotto traçait dans le sable à la pointe de sa houlette! — Si le Poussin vous eût soumis sa première ébauche, vous auriez renvoyé le brave homme à ses choux!

Lorsque vous vous pâmez devant une vierge du Guide, je vous défie d'analyser à voix haute les causes de votre jubilation, de manière à la faire comprendre et en légitimer l'exubérance. — Comme aussi, lorsque du haut de votre bijou doré, vous anathématisez un pauvre diable qui vous vaut cent fois, et aux pieds duquel vous vous agenouillerez peut-être avant dix ans, — lorsqu'il vous arrivera précédé de son nom déjà populaire, — je parie votre place au Panthéon que vous ne saurez jamais m'en traduire le pourquoi.

Et cependant, je l'ai déjà dit, ces individus font poids parce qu'ils font nombre. — Après eux, la foule répète : « Fermons le temple saint, personne n'est plus digne d'entrer! » — Et des milliers de moutons s'en vont bêlant: « C'est fini de l'art, — on a fait tout ce qu'on pouvait faire, — on ne fera jamais mieux, — on ne fera même jamais aussi bien! » — Or, ceux qui entendent, se disent : « Il devient inutile d'essayer. »

De cela résultent deux choses : la première, que les talents timides renoncent purement et simplement; la seconde, plus fâcheuse, que les hommes de génie parvenus, sachant de quels opiniâtres préjugés est nourri le *profanum vulgus*, se mettent peu en peine de faire rebrousser le courant au fleuve, et voyant à quels juges ils ont affaire, ne travaillent plus en vue de l'art et de l'augmentation de sa gloire, mais se bornent à caresser le côté de leur génie qui, le plus rapidement, peut se traduire pour eux en bien-être personnel.

Parmi ces décisions péremptoires et sans appel des jugeurs après coup, il en est qui depuis longtemps paralysent les efforts et les recherches combinées de la science et de l'art. — Il s'est accrédité, — sans autre raison que l'impuissance même qui provient de cet arrêt, — que la peinture sur verre est une chimère qui a rejoint depuis longtemps l'anneau de Cléopâtre, et qui, comme lui, ne sera jamais retrouvée. — Si la foi positive transporte les montagnes, la foi négative peut bien faire qu'elles restent toujours à leur place. — Des hommes dont le nom compétent fait autorité, affirment que la peinture sur verre ne reviendra pas davantage que le temps où l'architecte bâtissait les rosaces dans lesquelles cette peinture éclate de si vives couleurs.— C'est une assertion : elles sont libres ; mais une assertion n'est pas une preuve. Qui vivra verra.

M. Topffer, — instituteur génevois, pour lequel un volume de nouvelles m'avait inspiré une véritable prédilection, mais qu'un plus récent ouvrage vient de placer moins haut dans mon panthéon privé, — M. Topffer, discourant sur la cathédrale de Milan, a écrit la phrase que voici :

— « On a repeint des vitraux dans les grandes fenêtres du chœur. *De tout loin, ces repeints* font meilleur effet que rien du tout; mais de près, l'art moderne, mêlé à l'art ancien, paraît mesquin, misérable; on dirait des pièces d'indienne neuve rapportées sur un habit de velours et de soie. »

Certes, ce n'a point été une entreprise médiocre et dénuée de courage que celle de fermer par de nouveaux vitraux l'énorme ouverture qui est en ligne directe derrière le chœur du dôme. — Je regrette aujourd'hui de n'avoir pas su profiter de l'occasion qui me fut offerte à Toulouse de m'instruire auprès de M. de Nozan, — dont les ateliers auraient pu me donner un aperçu des difficultés sans nombre de la peinture sur verre. — Je pourrais maintenant vous dire le temps prodigieux qui a dû être dépensé pour l'achèvement total de ce vitrail gigantesque, où l'œil trouve assez de diamètre pour développer toute la circonférence de son rayon visuel, sans être heurté par l'encadrement des piliers montants et du cintre. — Je pourrais vous traduire en chiffres positifs les sommes qui ont dû se fondre dans cette œuvre à la fois digne d'Hercule et de Pénélope, par l'audace de son étendue et la patience enfouie dans ses innombrables détails. — Je pourrais enfin vous tracer un sommaire des connaissances de toute sorte qu'il a cependant fallu posséder à fond, pour arriver à produire ce quelque chose que M. Topffer trouve *mesquin*, *misérable*, et de meilleur effet *que rien du tout*, encore de *tout loin*.

La mesquinerie n'est certes pas dans les proportions. M. Topffer jouit d'un œil qui rapetisse prodigieusement. Quant aux divisions et à l'exécution, quant à l'idée qui a présidé au choix des compositions, je n'y vois rien de si mesquin. N'est-ce pas pas comme un vaste tableau hiéroglyphique où la Bible entière se trouve retracée? L'homme du peuple qui n'ouvre pas un livre ne peut-il pas étudier et apprendre par cœur toute l'histoire des premiers temps? — Où est la mesquinerie de cette pensée, d'avoir réuni dans un cadre synoptique une série de faits, éclatants à l'œil, parlant à l'imagination, et devant se graver plus facilement dans la mémoire qu'à l'aide de tous les livres? — Si Milan était ma patrie, et qu'on m'eût conduit tout enfant devant un vitrail semblable, je saurais aujourd'hui l'histoire du peuple hébreu de façon peut-être à embarrasser le meilleur élève de M. Topffer. — L'exécution des sujets est conforme aux dessins des plus grands maîtres, même des maîtres modernes, et c'est encore une heureuse idée que de populariser ainsi leurs œuvres, au lieu de persister à vouloir copier servilement, et avec désavantage, le style suranné des compositions gothiques. — Pour le mot *misérable*, il me fait rire, et me rappelle ce compatriote qui, frottant son pain d'une gousse d'ail, répondit à ceux qui lui parlaient d'un banquet de cinq mille couverts que le czar venait de donner à vingt roubles par tête : — « Je trouve que c'est pauvre ! » —

Si mes appréciations sont exactes, — je crois que *l'art ancien* ne se mêle aucunement à *l'art moderne* dans ce vitrail; — quelques panneaux ont seulement été conservés dans les fenêtres latérales, — et c'est ce que

M. Topffer appelle du *velours* et de la *soie* à côté d'une *indienne neuve*. — D'abord, cette comparaison, usée plus heureusement ailleurs, — n'est pas ici d'une excessive justesse ; — en second lieu, fût-elle vraie, elle attaque une chose toute naturelle et qui ne peut pas ne pas être. — Quelque habile copiste que vous soyez, — si votre modèle a vieilli, vous ne reproduirez jamais exactement ses tons et ses teintes, — ou si vous y parvenez par un procédé purement mécanique, par une *ficelle* du métier, — avant vingt ans votre copie aura une couleur totalement dissemblable de l'original. — Exigeriez-vous qu'un propriétaire vous livrât du vin nouveau qui eût la saveur et la coloration du vin vieux ? — Et ne savez-vous pas enfin que, sur toute chose, le temps exerce une action *harmonisante,* en reliant les soudures, en fondant les crudités ? — Il est avéré, si les couleurs employées sont bonnes, que la peinture à l'huile reçoit de la consécration du temps un fini et un ensemble impossibles à donner sur le chevalet ; — et vous ne voulez pas, quand il s'agit de peinture sur verre, — bien autrement exposée aux influences de l'air, — mettre dans la balance un siècle ou deux de différence ?

J'admire autant qu'un autre la vigueur veloutée du coloris des anciens vitraux : j'ai passé des heures entières à Auch et dans une chapelle de la cathédrale de Rouen, absorbé dans la contemplation d'effets de jour admirables, de concentrations de lumière qui rappelaient les têtes éclairées à la Rembrandt. — Le prisme n'a pas de couleur à la fois plus éclatante et plus douce que le bleu du manteau de Charlemagne et l'écarlate de la robe du cardinal. — Et cependant, je me disais : Ces teintes ont conservé trop de puissance, pour n'avoir pas été dures et heurtées dans leur principe. — Il y avait là trop de sève pour qu'il n'y eût pas de verdeur. — L'artiste n'a pas plus joui de l'achèvement et de la *finition* de son œuvre, que Louis XIV ne s'est promené sous les magnifiques et contemporains ombrages des bosquets plantés par sa royale main.

La soie et le velours des vitraux conservés du dôme n'ont aucune beauté comparable à ceux que je viens de citer, — mais enfin, la dernière main, celle des heures et des jours, s'y fait aussi reconnaître dans la proportion. — Or, qui vous dit que cette dernière main ne s'étendra pas aussi sur votre pièce d'indienne neuve ? — Que le bon Dieu prête vie au petit poisson de Lafontaine, il grandira. — C'est folie de vouloir exiger d'un enfant la prudence et la sagesse d'un âge mûr.

Maintenant, je vais plus loin. — Je crois que, dans un temps donné, les panneaux modernes du dôme seront en tout point supérieurs aux anciens. — Car, certes, vous ne pouvez arguer du dessin, du contour des lignes, — vous ne pouvez vous retrancher que dans la couleur. — Et lorsque celle-ci sera au pair, la supériorité du modèle achèvera d'emporter la balance. — Une innovation heureuse a d'ailleurs été introduite dans l'exécution. — Les anciennes jointures du plomb traversaient le tableau au hasard, et s'enchevêtraient indistinctement sur le sujet, qu'elles recouvraient et emprisonnaient dans un grillage opaque. — Les petites rosaces en étaient surtout martyrisées; pas une figure ou une main qui n'eût l'air d'avoir été brisée en éclats et raccommodée ensuite à menus morceaux. — On a donc pris le parti de tailler les différents verres d'un panneau sur le patron des vêtements, des fabriques, des formes extérieures en un mot; de plus, la soudure monte sur les côtés de l'ombre, s'évanouissant ainsi dans le foncé de chaque nuance. — Une lisière de plomb ne vient plus couper une figure ; elle suit, au contraire, le contour de la tête et lui donne plus de force et de pureté. — C'est ainsi que, dans ce vitrail biblique, on est parvenu à rendre, avec une scrupuleuse exactitude, les meilleures toiles d'Horace Vernet. — Le *Judith* et *Holopherne* est surtout d'une grande puissance d'effet, et les raccommodements en sont dissimulés avec tant de bonheur, qu'on dirait, à peu de distance, le panneau entier formé d'un seul carreau de verre. — *De tout loin,* chaque sujet se reconnaît d'emblée sans examen, sans réflexions, sans études préliminaires. — Au contraire, il faut une patience hiéroglyphique pour déchiffrer la soie et le velours de M. Topffer; — le regard se fatigue à raccorder dans un tout les milles pièces de ce casse-tête, — et lorsque vous avez trouvé l'énigme, vos yeux lassés n'ont plus la force d'admirer.

Je finis cette trop longue digression en prenant la défense des couleurs elles-mêmes de ce vitrail, telles qu'elles paraissent aujourd'hui. — Tout en passant condamnation sur une fraîcheur native que saura bien hâler le soleil de la Lombardie, je maintiens relativement qu'elles sont admirables, — d'une vivacité et d'une justesse de ton qui ne le cèdent point aux anciennes, sans compter que plusieurs teintes, notamment dans les carnations et les cheveux, sont d'un emploi nouveau, d'un heureux essai que nul précédent ne venait encourager. — Et je n'aurais pas ennuyé le lecteur de la vingtième partie de ce qui précède, — si je n'avais été indigné de voir un homme de talent se laisser aller, par je ne sais quel motif, à une appréciation aussi injuste et aussi révoltante de partialité.

Milan, 31 août

XIII.

La Scala. — L'Opéra. — Le Ballet — Les Décors. — Les Loges.

Suivons maintenant la route où se pressent tous ces petits pieds bien chaussés, toutes ces mantilles noires jetées sur les cheveux avec tant d'élégance, qu'on se pourrait croire au Prado au lieu d'être sur le Corso, et qu'on rêverait Madrid et Séville avant de songer qu'il est de par le monde une cité qui se nomme Milan.

Un théâtre romain existait sans doute sur l'emplacement de la Scala, ainsi que semblerait l'indiquer un bas-relief qu'on y a trouvé en creusant les fondements, —

et qui portait le nom du comédien Théocrite. — Plus tard, *Béatrix de la Scala* y fit bâtir une église, et sur les ruines de cette dernière, l'architecte Piermarini, vers la fin du siècle dernier, construisit cette magnifique salle qui n'a de rivale au monde que celle du théâtre de San-Carlo, à Naples.

L'extérieur est loin d'être remarquable, il étonne même par son peu de concordance avec les beautés intérieures. — Nous avons assisté à une représentation extraordinaire avec *illuminazione à Giorno* et toutes les pompes inusitées, en l'honneur de la présence, dans sa loge, du vice-roi et de sa famille, — laquelle ne pouvait se moucher ou toucher un éventail, sans soulever dans la salle une tempête d'applaudissements.

On donnait, ce soir-là, deux actes d'une nouvelle partition de Bellini, qui a pour titre : — *I Capuleti ed I Montecchi*. — Le ténor avait une assez jolie voix, sans beaucoup de souplesse, mais dont la fraîcheur rappelait parfois celle de Mario. — La prima-donna avait rarement des moments heureux. Les chœurs étaient ce qu'il y avait de mieux. — En somme, on éprouve quelque désappointement à se voir réduit, sur une scène italienne, à regretter les Italiens de Paris ou de Saint-Pétersbourg. — Nous sommes plus royalistes que le roi, et Rubini, Tamburini, Lablache et Mme Persiani, ont doté la France et la Russie de quatre talents restés sans rivaux sous leur ciel natal.

L'opéra fut suivi d'un affreux ballet mythologique : —

Prométhée ravissant le feu du ciel, — œuvre inouïe, — disait l'affiche, — *Stupenda creazione della mente del immortale coreografo Vigano!* — Ce ballet est renouvelé de la tragédie grecque d'Eschyle, qui devait, je pense, offrir un attrait plus saisissant. Je voudrais vous donner une idée de la chorégraphie italienne, et de son effet opiacé sur les imaginations exotiques. — Prenez cinquante conscrits d'un mois et autant de villageoises à l'état d'innocence et de candeur primitive; — mêlez suffisamment; après quoi, au moyen d'un bâton que vous lèverez, baisserez, conduirez à droite et à gauche en mesure, — vous ferez tourner en même temps vos cent têtes du même côté, lever ou baisser deux cents bras à la fois, avancer ou reculer deux cent jambes; ainsi de suite, — et vous varierez ce plaisir jusqu'à ce qu'une moitié de vos spectateurs ait quitté la salle et que l'autre moitié soit plongée dans un profond sommeil. — Vous y gagnerez en outre l'épithète d'immortel. — Mais les Italiens, qui aiment ce jeu, et qui ne se lassent pas d'entendre conter *Peau d'Ane, y prennent un plaisir extrême*. — Un pareil exercice gymnastique n'a aucun intérêt, le drame n'y est pas, — aucun sujet n'est indépendant de l'autre; — il vous suffit de regarder dans son coin le dernier coryphée, pour être au fait de l'action et des contorsions de tous les autres. — Ces cent personnes, sourcillant toutes en mesure, louchant en mesure à droite, louchant en mesure à gauche, forment le spectacle le plus déplaisant et le plus crispant qui se puisse regarder. — Qu'il y a loin de cette triviale arlequinade à cette si touchante et si poétique histoire de *Giselle,* si bien racontée par Carlotta Grisi !

Un ou deux pas dansés vinrent interrompre cette monotone exhibition. — Les premiers sujets sont faibles, — mais le corps des figurantes est composé de femmes si fraîches et si jeunes, qu'on s'éveille un moment ; — car c'est encore là un spectacle auquel nous ne sommes guère habitués. — Il y a quelques décors d'assez mauvais goût, mais d'une excessive hardiesse ; quelques-uns ne manquent pas d'effet. — Mais Cicéri et ses collègues nous ont gâté. — **La nuit pleine d'étoiles,** — dont on reconnaît les diverses constellations, enveloppe le globe terrestre dans son silence et son repos ; — puis l'Orient s'éclaire. L'Aurore, suivie des Heures, traverse l'étendue, précédant le char du Soleil, dont les coursiers bondissent dans l'espace, inondés d'une lumière que le regard a peine à soutenir. — C'est à cet instant que Prométhée, pour s'être voulu approcher de trop près, est brûlé par les rayons et tombe foudroyé comme Icare. On dit que la roue seule qui fait mouvoir ce décor a coûté 50,000 fr. L'Aurore et les Heures sont fort jolies, mais n'ont pas l'air d'être pleinement rassurées sur les dangers d'une course aérienne, à laquelle elles devraient pourtant être habituées depuis six mille ans. — Au reste, cet indigeste ballet n'est rien moins qu'un cours complet de mythologie en six actes. — Nous avions affaire à tout l'Olympe : aux trois Grâces, aux neuf Muses, aux sept

Vertus morales, aux Sciences, aux Genres, aux Arts, et à tout le personnel des divinités. — Nous passions d'un bond de la Colchide à la mer Caspienne, du temple de Minerve à celui de la Vertu, de l'officine de Vulcain au sommet du mont Caucase : les anciens avaient une manière rapide de voyager que nos chemins de fer n'égaleront jamais.

L'orchestre est nombreux, puissant ; les solistes y sont presque tous des célébrités avérées.

La salle de la Scala est la plus vaste du monde, nous a-t-on dit ; — cependant, je parierais pour la salle Lepelletier. — Mais la décoration en est magnifique ; les tentures des loges et les ameublements de leurs salons sont d'une grande richesse — Le coup d'œil est superbe. — Toute la circonférence de l'ellipse étant du rez-de-chaussée aux combles exclusivement garnie par les six étages des loges, les dames sont admises au parterre, lequel est immense, de bon aloi, et n'a pas la couleur noire et triste de ceux où les hommes sont exclusivement entassés. — Seulement, il est d'usage qu'on se promène tout le temps du spectacle, comme à la bourse. — Trois allées sont réservées à cet effet : une au centre, allant de la porte d'entrée au milieu de la scène, et deux sur les côtés, au-dessous des loges. — Les étrangers se font difficilement au bruit de ce passage continuel. — Il ne leur est pas non plus aisé de s'habituer au babil et au caquetage des loges, dont les gazouillements font dans le cintre l'effet perpétuel du vent dans les branchages d'une forêt. — La raison en est qu'à Milan toute la haute société, — qui est en nombre, — va au théâtre, dont elle occupe seule les loges. — Chacune de ces loges a un salon, et c'est là seulement que les dames reçoivent ; on ne va pas les voir dans leurs palais, mais dans leurs loges. — Ainsi, tous les soirs il se fait un échange continuel de visites et de politesses. Les portes s'ouvrent et se ferment bruyamment, les conversations se tiennent à voix haute sans égard pour les auditeurs, sans aucune pitié pour les chanteurs ; car l'opéra n'est qu'un accessoire tout au plus bon à combler quelques lacunes, à remplir quelques intermèdes ; et le théâtre n'est considéré que comme lieu de réunion. — On dit, au reste, que ce mode de réception amenant des rapports très-multipliés, engendre une familiarité cordiale et bienveillante qui donne à la société de Milan un attrait exclusif. — Et ce mode est indestructible, car « chaque femme règne ainsi dans sa loge, et, comme César, préférera toujours la première place de ce petit empire à la seconde d'un salon. »

Deux chiffres transparents, l'un romain, l'autre arabe, sont placés au-dessus du rideau de la scène. — Le premier, qui indique l'heure, change toutes les heures ; le second, qui marque les minutes, change toutes les cinq minutes ; — ce qui fait prendre patience à ceux dont la montre vient d'être volée, — accident quotidien dans cette bonne capitale des États-Lombards.

Milan, 1er septembre.

XIV.

L'Amphithéâtre. — L'Arc de la Paix. — Saint-Ambroise.
Églises.

Il existe à Milan dix autres théâtres de premier, de second, et de troisième ordre ; celui de la *Cannobiana* est l'œuvre de l'architecte de la Scala. — La différence d'échelle est à peu près la seule entre les deux salles.

Mais un monument unique, et dont Milan a l'exclusif privilége entre toutes les capitales, c'est l'*Amphithéâtre*, sorte d'arène moderne dont les gradins elliptiques peuvent contenir *quarante mille* spectateurs. — L'intérieur a deux cent soixante-quatre mètres de long, et cent trente-deux de large; il est bâti en marbre et en granit. Il sert aux courses de toute nature; — il partage avec les différents cirques l'honneur de posséder les troupes équestres; on y fait des ascensions aérostatiques; — on y donne même des spectacles nautiques, car une combinaison particulière permet de transformer l'arène en lac, au moyen d'un ruisseau qui coule à l'extérieur. — C'est dans une enceinte semblable que le peuple d'une grande cité peut réellement se voir lui-même face à face, se retrouver aux jours solennels, et prendre conscience de sa force.

La place d'Armes, à l'extrémité de laquelle est couché cet amphithéâtre, voit encore s'élever à sa droite un fort énorme qui commande la ville, — et à sa gauche un arc de triomphe, lequel, baptisé d'abord Arc du Simplon, dont il ouvre la route, a vu ses premières assises élevées à la gloire de Napoléon, et son couronnement chanter exclusivement les louanges de Sa Majesté l'Empereur François Ier; il a fini par s'appeler Arc de la Paix. — *Sic vos non vobis.* — Cet édifice manque d'ampleur et de noblesse; les trois portiques en sont maigres et minces; — il est d'ailleurs défavorisé par deux énormes massifs de maçonnerie dont quelque douane autrichienne l'a flanqué. — Il est surmonté par un beau groupe de bronze de six chevaux traînant un char triomphal. Une notice spéciale porte à *quatre milliards quatre cent quatre-vingt-sept millions quatre cent vingt-huit mille quarante-deux* livres autrichiennes la somme totale des frais de cet ouvrage. — Ce chiffre étonne relativement au peu d'effet d'ensemble produit de loin sur le voyageur, — mais il faut songer que l'arc est entièrement construit en marbre blanc tiré d'une carrière du lac Majeur, d'où le transport a dû être énormément dispendieux. Ensuite, tous les premiers artistes d'Italie ont concouru à l'exécution des soixante statues, bustes ou panneaux en relief dont se compose l'ornementation. — La notice ajoute que ce monument « est le plus magnifique et le plus riche dont s'honore l'architecture en Italie, et que Rome et la Grèce n'ont jamais rien produit de plus noble et de plus élégant. »

Et cependant, je me fais une bien autre idée d'un arc de triomphe ; — si j'avais conquis la moitié du monde, je voudrais mieux que cela ! — Ce n'est pas le dernier mot de l'orgueil humain, ce n'est pas même la magnifique pesanteur de l'arc des Champs-Élysées :

« Lui, dont la courbe au loin par le couchant dorée,
» S'emplit d'azur céleste, arche démesurée ;
» Lui qui lève si haut son front large et serein,
» Fait pour changer sous lui la campagne en abîme
» Et pour servir de base à quelque aigle sublime
» Qui viendra s'y poser, et qui sera d'airain ! »

Comment donc les maîtres du monde n'ont-ils pas encore eu la puissance de bâtir une arche si prodigieuse qu'on l'aperçoive au loin comme les montagnes, et qu'elle serve, en quelque sorte, de porte à leur royaume ?

Comment n'a-t-on pas encore élevé une colonne qui dépassât au centuple toutes les proportions connues? — Si l'architecte est circonscrit dans un cercle d'impossibilités, nous avons donc dégénéré depuis les Pyramides, dont l'ombre s'étendait sur la moitié du désert (¹) ! — Pourquoi l'Empereur n'a-t-il pas mis ses prisonniers à lui faire un entassement de pierre si haut et si grand, qu'il se pût voir de l'autre côté de la Manche, qu'il regardât par-dessus l'épaule des Alpes, et qu'il n'y eût pas pour lui de Pyrénées? — Peut-être y avait-il songé, lui qui méditait toutes les grandes choses; peut-être aussi son esprit superstitieux lui retraçait-il les infructueuses tentatives de la Tour de Babel.

Milan possède neuf autres portes plus ou moins belles, mais s'humiliant toutes devant l'Arc de la Paix.

En le quittant, nous fûmes visiter la basilique de Saint-Ambroise, fondée par ce saint lui-même vers la fin du quatrième siècle. — En fait d'antiquités, c'est la plus curieuse des églises de la ville, peut-être même du monde entier. — Mais il faut être profondément versé en archéologie, pour moissonner toutes les jouissances qu'elle réserve aux initiés. — Il y a même un terrain vierge à défricher, car un serpent de bronze élevé dans le milieu de la nef principale sur une colonne de granit, a déjoué jusqu'à présent toutes les recherches faites sur son origine. Il n'est sorte de fables incroya-

---

(¹) Et depuis les temples de Baalbeck !

bles auxquelles il n'ait donné lieu; il existe un volumineux Traité exclusivement rempli de son histoire et de ses hauts faits.

Le maître-autel est supporté par quatre belles colonnes de porphyre, et recouvert, sur toute la partie antérieure, d'un bosselage d'argent doré, incrusté de perles, d'émeraudes et de rubis. — A cette basilique est attenant un couvent qui était habité par des moines de Citeaux; — et c'est sur l'emplacement de ce couvent que résidait saint Augustin lorsqu'il vint professer la rhétorique à Milan, lieu de sa conversion. — On montre le baptistère dans lequel il reçut le premier sacrement chrétien des mains de saint Ambroise. Lorsque l'empereur Théodose revint à Milan, après le massacre de Thessalonique, Ambroise lui ferma les portes de l'église; mais ces portes ont été changées vers la fin du moyen âge; au moins le soupçonne-t-on ainsi. — Cette basilique est un vrai musée, par ses antiquités et ses souvenirs de tous les siècles, par la collection de ses fresques, de ses trésors, de ses mosaïques, de ses bas-reliefs, de ses tableaux et de ses curieuses inscriptions. Pas une pierre qui n'ait, à elle seule, toute une histoire à raconter, pas une œuvre qui ne se rattache à l'existence d'un grand saint, d'un grand Empereur ou d'un grand prince, et qui, en outre, ne soit signée par un de ces noms qui, à toutes les époques, ont aussi régné en princes, sur les arts, et par eux.

Milan renferme encore *trente-huit* églises, — dont

vingt-six sont extrêmement remarquables, et dont toutes mériteraient une longue et studieuse visite. Je renonce à vous énumérer, même sommairement, les principales curiosités de chacune d'elles; on s'y perd. — Ainsi, la chaire de *Saint-Eustorge* est-elle encore la tribune de pierre, d'où saint Pierre, martyr, réfutait les hérétiques; une chapelle de cette église a longtemps contenu les dépouilles mortelles des trois rois mages, — que Frédéric Barberousse fit enlever lorsqu'il envahit le Milanais. — *San Giorgio al Palazzo* est élevé sur l'emplacement du palais impérial de Trajan et de Maximilien. La basilique de saint Laurent enferme une plus petite église, qui fut construite par la fille de Théodose; l'urne qui contient ses cendres s'y voit encore.

L'ancien réfectoire du couvent de *Santa-Maria delle Grazie* garde sur ses murs les restes de la fameuse fresque de Léonard de Vinci, — représentant la cène, — ouvrage qui émerveillait si fort François Ier, qu'il voulait absolument trouver un moyen de le transporter en France, et que, ne pouvant enlever l'œuvre, il enleva l'auteur. — *San-Celso* a toute une galerie de tableaux de Gaudence Ferrari, du Bramante, du Corrége et du Fiorentino.

Milan, 2 septembre.

XV.

Palais. — Visconti. — Litta. — Musées. — Les Fêtes de Saints.

Milan, — ville noble et blasonnée, — voit s'élever dans son enceinte une cinquantaine de palais, — non que tout ce qui porte ce titre le mérite, mais parce que cette dénomination remplace exclusivement celle d'hôtel. — Cependant plusieurs de ces vastes villas, par leur étendue, leur luxe et leur historique ancienneté, justifient amplement l'expression qui leur est consacrée.

Le palais de la cour ou palais impérial n'a rien de remarquable à l'extérieur; il est gêné par les bâtiments qui l'avoisinent et l'emprisonnent; il est rendu lourd et massif par la prodigieuse hauteur de la cathédrale, qui se dresse devant lui comme pour humilier les superbes de la terre sous le poids des majestés du ciel. — Les palais de l'archevêché, du gouvernement, des tribunaux, de la comptabilité, du cadastre, des monnaies, de l'imprimerie royale, de l'hôtel-de-ville, et nombre d'autres édifices publics, sont d'une architecture majestueuse et régulière qui en fait un des principaux ornements de la cité.

Mais les palais véritables sont ceux qui appartiennent aux familles patriciennes, et en première ligne,—sinon comme importance matérielle, du moins comme intérêt historique, — il faut citer ceux de la maison Visconti, nom célèbre, tour à tour ducal et princier, se retrouvant à chaque page de l'histoire d'Italie, et, de nos jours, pendant une quinzaine d'années, ayant exclusivement servi à mettre en relief les poumons des acteurs de la Porte-Saint-Martin, — qui ne juraient plus que par les Othon et les Galéas.

On ne peut faire un pas dans la cité lombarde sans se heurter contre les racines de cette famille, qui ne font plus qu'un avec le sol, qui sortent de toutes les ruines, se cachent dans tous les fondements, et dont les branches couvrent encore, comme un lierre national, celles de leurs antiques possessions que les siècles ont respectées.

Ce fut un Galéazzo Visconti, duc et seigneur de Milan, qui ne pouvant obtenir un héritier mâle de sa femme Catherine, fit à la Vierge le vœu de lui bâtir cette merveilleuse cathédrale qu'une postérité de cinq siècles s'est chargée de continuer. — La façade porte encore la simple dédicace : « *Mariæ Nascenti.* »

C'est sur l'emplacement du vieux palais des ducs de Visconti que s'élève aujourd'hui le palais de la cour. — Celui de l'archevêché est un royal présent de cette libérale famille.—Parmi les monuments funèbres du Dôme se trouve le splendide mausolée de Jean Visconti, archevêque et seigneur de Milan au XIVe siècle. — L'Hôtel-de-Ville fut aussi jadis la propriété d'un duc Philippe-Marie Visconti. — Le grand hôpital de Milan, un des plus beaux et des plus riches de l'Europe, fut fondé par la philanthropique générosité de la duchesse Blanche Visconti, mariée à un Sforza. — Un Visconti est aussi le fondateur de l'église Sainte-Marie del Castello. — Le trésor de Saint-Ambroise est riche d'un magnifique missel du XIVe siècle, manuscrit vélin dont une admirable miniature représente le couronnement du premier Visconti qui régna sur Milan. L'urne sépulcrale, en marbre rouge, placée derrière le chœur de la cathédrale, contient les cendres d'Othon Visconti, qui fut aussi archevêque de Milan. Je n'en finirais jamais, si ma mémoire était fidèle.

Une grande portion de l'Italie a été gouvernée, jusqu'au XVe siècle, par une série non interrompue de douze Visconti qui portaient toujours le titre de ducs de Milan. L'un d'eux épousa la fille du roi de France Jean-le-Bon. Sa propre fille épousa le frère de Charles VI. Philippe, le dernier, mourut sans postérité, après avoir fait périr sa femme innocente, *Béatrice di Tenda*. François Sforza, — guerrier fameux, — épousa une fille naturelle de ce prince, — occupa le trône ducal, où ses descendants se maintinrent jusqu'au commencement du XVIe siècle.

L'un des deux palais actuels porte sur sa noble et majestueuse façade les bustes diversement couronnés des douze seigneurs de Milan.

La famille Belgiojoso d'Este, dont le premier nom est aussi connu en France qu'en Italie, possède un riche palais occupant tout un côté de la place qui porte son nom. — J'ai oublié le nombre des fenêtres, mais il est énorme.

L'étendue et la beauté du palais des ducs de Litta n'ont rien qui surprenne, lorsqu'on a déjà vu que le caissier du duc actuel, — avec de simples économies qui auraient remis sur un assez bon pied l'acquéreur du château d'Avenel, a trouvé le secret de faire bâtir tout un quartier de la ville, — prodigieux assemblage de belles maisons blanches dont il tire des bénéfices énormes. — Tel maître, tel valet, — et le maître touche, dit-on, un petit revenu princier de six millions.

Le palais d'Adda forme à lui seul tout le côté d'une longue rue. — Il y a encore les palais Andréani, — Beccaria, — Borromeo, — Uboldi, — Erba, — Passalacqua, — Silva, — Trivulzi, — Poldi-Pezzoli, — Saporiti, — et plus de trente autres.

Tous ces palais sont non-seulement à voir pour leur architecture, leurs portiques, leurs statues, leurs médaillons et leurs bas-reliefs, — mais encore et surtout pour les rares curiosités qu'ils renferment en collections d'objets d'art et de tableaux des grands maîtres.— Malheureusement, je n'en puis parler : il faudrait séjourner et se faire présenter dans la société milanaise pour visiter en détail ces richesses privées.

Mais on se dédommage de cette privation dans les musées, dans le palais de Brera, dans la *Bibliothèque Ambroisienne,* célèbre dans le monde entier ; dans le collége impérial et autres édifices publics, dont les galeries rapidement parcourues font songer avec tristesse à ce que nous décorons du nom de Musée dans les trois quarts de nos villes de France.

L'universel palais de Brera contient l'Institut scientifique, l'Académie, la Bibliothèque, le Cabinet des médailles, l'Observatoire, l'École de Gravure et celle de Dessin, celle d'Architecture, de Peinture, etc., etc.; — un Gymnase, un Jardin Botanique et une Galerie de tableaux, dans laquelle on admire, — comme dans celle de la Bibliothèque Ambroisienne, une foule d'ouvrages, — et des meilleurs : — du Guide, du Guerchin, de l'Albane, du Dominiquin, de Cima, de Paul Véronèse, du Carrache, du Titien, d'Albert Durer, d'André del Sarto. de Léonard de Vinci, — de Michel-Ange et de Raphaël !!

— C'est trop de splendeurs à la fois; aussi le voyageur n'en jouit-il qu'à demi, et les confond-il dans le kaléidoscope de ses souvenirs, lorsque, le soir venu, son imagination fait repasser devant ses yeux fermés l'étincelant cortége de toutes ces merveilles entrevues! — Aussi Milan est-il dans l'univers un de ces lieux privilégiés dont on ne part qu'en se disant pour consolation qu'il ne sera peut-être pas impossible de le revoir.

En revenant de Brera, nous vimes toute la façade de l'église Saint-Marc tendue d'étoffes de couleurs diverses et éclatantes, de draperies en gaze d'or et d'argent. Nous entrâmes, et l'intérieur nous offrit le même spectacle : partout des échelles appliquées aux pilastres, des tapissiers accroupis sur les chapiteaux et sur les corniches, un bruit à ne pas s'entendre; on eût dit le déballage en foire d'un marchand de nouveautés. — Nous apprîmes que chaque fois qu'une église de Milan avait une fête à célébrer, il en était ainsi. — Quelque riche et curieuse pour l'étranger que puisse être l'architecture du portique, — on la voile impitoyablement sous des oripeaux de satin et des loques dorées qui la métamorphosent en reposoir de procession. — Un énorme écriteau transparent se balance au-dessus de la porte grand ouverte, avec accompagnement de lampions et de couronnes, — annonçant à la foule le saint particulier qu'on fête, la raison et la fondation de cet hosanna, et le nom des familles qui ont contribué à l'établir. — S'il y a quelques tableaux de prix dans l'église, quelque monument remarquable, l'étranger s'en passera, et devra se contenter en échange d'une vingtaine de mètres de damas cramoisi ou bleu, ou jaune, suivant le saint. — Et sur plus de quarante églises ouvertes à Milan, il y en a chaque jour de cinq à dix à qui l'on inflige ce vandalisme barbare. — L'Italie est la terre classique des beaux-arts, et les beaux-arts sont épidémiques, chaque pays peut en revendiquer sa part; — mais le bon goût, la distinction et le sentiment des convenances, sont choses exclusivement inhérentes au sol de la France, qui, sous ce rapport, marche toujours la première à la tête des nations.

Un Milanais seul peut compter tout ce que j'oublie dans sa ville, toutes les choses remarquables que je passe sous silence : — les canaux, qui font certains quartiers ressembler à Venise, mais à Venise embellie; — les nombreuses casernes, — le temple de San-Carlo, merveille future inachevée; — les Bains de Diane, — l'Homme de Pierre; — le chemin de fer, le premier établi en Lombardie; — et, dans les environs, les chartreuses, — les ravissantes villas Sommariva, d'Este et Odeschalchi (délicieux séjours que je n'ai admirés que sur toile peinte); — enfin, tout ce que je ne connais pas, peut-être même de nom, et qu'il ne connaît pas lui-même. — Mais voici qu'on attèle les chevaux du *Vélocifère,* et dans moins de deux heures il est probable que nous serons sur la route de Sesto Calende.

A bord du *Verbano*, 4 septembre.

XVI.

Le Velocifère. — La Pellagra.

Le vélocifère est une sorte de char-à-bancs, découvert sur les côtés, — ce qui fait bien avec la pluie, — et sans aucune séparation dans l'intérieur, ce qui permet d'étudier le long de la route tous les habitants de cette arche de Noé.

En général, dans toutes les voitures des pays transalpins, la dernière place est égale à la première, — ou si une construction plus récente a fait adopter l'usage d'un coupé, d'un intérieur et d'une rotonde, la dernière place de rotonde revient exactement au même prix que la première du coupé. — Parmi les voyageurs qui ont arrêté leurs places les premiers, ceux qui vont le plus loin ont le coupé, et ainsi de suite, voilà la règle, qu'un appel nominal à chaque départ maintient dans toute sa rigueur. — Mais le vélocifère est une vraie cage à poules, et nous nous y installons au hasard.

En face de moi, s'asseoit une vierge-à-l'enfant, — Lombarde pur sang ou Tessinoise, — coiffée en cheveux, et couronnée d'une cinquantaine d'épingles d'argent, à formes bizarres, longues de près d'un pied, et piquées sur le chignon en déploiement d'éventail. C'est la coiffure du pays; elle va bien aux jolies femmes, — comme toutes les coiffures possibles. — La Tessinoise, qui accuse une odeur primitive, plantureuse, et les âpretés séveuses d'une nourriture campagnarde, répand en outre une odeur d'enfant, — lequel répand de son côté, le plus qu'il peut, une infinité de choses.

Une sorte d'anabaptiste, — vêtu de brun et de noir, en culottes courtes, maigre, jaune, porteur de cheveux crépus, d'un œil louche et d'une énorme loupe au menton, se penche vers sa voisine et lui dit en nasillant :

« Avez-vous vu la *Dent de Jaman* ([1])? »

La vierge-à-l'enfant se retourne, et voyant l'œil gauche de l'anabaptiste loucher horriblement, s'imagine que le parfum de ses charmes vient de lui faire une con-

---

([1]) Nom d'une montagne.

quête involontaire, rougit jusqu'au bleu-noir, et après avoir écrasé ses deux grosses lèvres sur les joues filiales, tire de sa poche un long chapelet qu'elle se met à réciter.

Piqué au vif, l'anabaptiste exhibe une énorme bible in-quarto, — en ouvre un côté sur ses genoux, un autre sur ceux de la Tessinoise, et commence au premier chef l'histoire de Thamar. — Au sixième verset, il ferme inopinément le livre saint, et, armé d'une conviction profonde, il dit à son voisin de droite :

« Cette catholique infecte. — Avez-vous vu la Dent de Jaman ? » —

Mais la Tessinoise, — qui ne comprend pas le français, — et qui a cru reconnaître dans ce peu de mots les mêmes syllabes de la première déclaration de l'anabaptiste, — s'imagine qu'on ourdit une trame contre son libre arbitre ; — et recueillant une à une toutes les croix et les médailles de son chapelet, — elle les baise sur les deux faces, et les donne à son enfant, qui s'en remplit la bouche et avale la moitié du rosaire. — La frayeur subite qu'il éprouve d'un étranglement, fait que l'anabaptiste dit encore à son voisin :

— « Cet iconolâtre est insupportable à l'odorat. »

Ce début de voyage promettait un avenir pittoresque, et demandait un examen consciencieux des acteurs hétérogènes qui avaient pris la parole. — Cette distraction était la bienvenue, — car la route était triste, et sa réputation si peu honnête, que deux carabiniers armés jusqu'aux dents et se remplaçant à chaque relai nous escortaient des deux cotés. — Cette attention de la police ne rassure pas le moins du monde ; — elle est au nombre de ces choses qui arrivent précisément au résultat contraire à celui pour lequel on les a instituées.

A Castellanza, la route traverse une petite rivière très-romantique et portant le joli nom de l'Olona. — On s'arrête, et, en remontant, l'anabaptiste demande si quelqu'un veut changer de place avec lui. — La Tessinoise, qui comprend sa pantomime, croit que la dignité de son maintien a découragé son agresseur, et pendant une courte alternative, se sent le cœur plus léger de voir arriver un moins louche voisin. — Mais personne ne dit mot, et l'anabaptiste revient à son poste, disant qu'il existe à Legnano et dans tout le circuit de Castellanza une maladie épidémique fort désagréable, à laquelle les paysans sont particulièrement sujets, — et qu'on appelle *la Pellagra.* Elle existait déjà du temps d'Hippocrate, qui a prétendu qu'elle n'était jamais plus malfaisante que venant d'une femme qui allaite... d'où sa panique, et les conclusions à tirer.

Hélas! les craintes du biblique savant n'étaient que trop fondées. — Jusque-là, l'honnête Tessinoise avait assez bien réussi à cacher sa main gauche ; — mais, à une brusque évolution que fit l'enfant sur la portière, l'amour maternel mit toutes voiles au vent pour le sauver, — et nous eûmes tous la douleur d'apercevoir sur le revers de cette main et sur les premières phalanges des cinq doigts, — une végétation polypeuse, à pulpes spongieuses, et poudrées comme d'une farine blanche et fleurie, — de la grosseur et de la forme de ces mousses parasites qu'un insecte fait gonfler sur les tiges des rosiers du Bengale. — Il était évident que la Tessinoise était d'origine lombarde.

— « La Pellagra ! » — s'écria l'anabaptiste en faisant un soubresaut sur lui-même, — car il ne redoutait rien tant que le surcroît de cette floraison sur sa loupe mentonnière. Heureusement pour lui et pour nous, le vélocifère était arrivé à Sesto ; il ne fit qu'un bond du char-à-bancs sur le pavé, ne se doutant pas encore de ce qui lui pendait à l'oreille, expression qui n'a rien de figuré, comme vous le verrez.

Les douaniers de Sesto-Calende nous réclamèrent l'exhibition du fameux paquet, ficelé, cacheté et timbré à Boffalora. — Une heure entière se passa dans les bureaux à la vérification des scels, à l'apposition de signatures sur une Babel de petits carrés de papier, à une foule de petites déclarations, quittances et annotations ; — après quoi, ces messieurs se donnèrent encore le ridicule d'ouvrir nos guides et notre carte, de les examiner, de les feuilleter au rebours, et de faire semblant d'en lire des fragments, — comme si cela prouvait quelque chose, après leur séquestration privée sur tout leur territoire, et lorsqu'ils allaient franchir la frontière pour ne la plus repasser. Vraiment, il faut de la patience pour être calme. — Enfin, ils nous rendirent, un à un, — lentement et d'un air magistral et capable, — le guide en Italie et la carte du même pays ; ce qui était plein d'à-propos, puisque nous allions entrer en Suisse.

Un petit bateau à vapeur, le *Verbano* (les anciens appelaient le lac majeur *lacus verbanus*), nous attendait à l'entrée du fleuve du Tessin. Nous nous y embarquâmes en compagnie de l'anabaptiste, pâle, mourant, défait, le front blême et ruisselant d'une sueur froide : — le malheureux venait de trouver, — pendue à l'une des boucles de sa perruque crépue, *horresco referens!* — une des grandes épingles d'argent de la Tessinoise, qu'il avait probablement accrochée en s'élançant par la portière, et enlevée sans qu'elle s'en aperçût. — La contagion le prenait aux cheveux.

Le *Verbano* nous conduisit rapidement à Arona.

Lac Majeur. 4 septembre.

XVII.

Arona. — La Statue. — Le Comte Vitaliano.
Les Iles Borromées.

Arona, première station du *Verbano*, est assise au bord des flots dans une position charmante. Sa cathédrale a dans l'eau d'admirables reflets, qui vont presque rejoindre, à une immense profondeur, les reflets du vieux château-fort d'Angera couronnant la colline opposée.

— Lorsque je traversai Arona, en 1855, la ville était encombrée par une population qui émigrait en désordre de Milan et de ses environs, où le choléra venaît d'éclater. — Les auberges et les maisons particulières recevaient tant de monde, qu'on avait pris le parti d'étendre de la paille dans l'intérieur des cours, pour y établir des dormeurs à la belle étoile, chose encore facile sous ce climat. — Mes compagnons de route et moi nous trouvâmes logés dans la même maison que la princesse de Beira, le prince des Asturies, et ses deux frères, qui alors n'étaient que des enfants. — Nous fûmes admis à l'honneur d'être reçus par eux. — La princesse de Beira avait une belle tête, un port royal, une expression de fierté espagnole qui allait bien à ses cheveux et à ses yeux noirs; son langage et ses manières annonçaient un caractère ferme et résolu; — je crois qu'il y avait en elle l'étoffe d'une reine. — Les fils de don Carlos jouissaient à cette époque d'une très-faible santé; ils nous parurent tristes; — tout souffrait chez eux de cet état maladif. — Dans un appartement voisin, l'Infant Don Sébastien lavait à la sépia la statue de saint Charles Borromée, — pendant que sous ses fenêtres, une jeune et jolie princesse napolitaine, sa fiancée, pêchait dans le lac sur une magnifique gondole à la Richelieu.

La statue de saint Charles Borromée, colosse de cuivre qui se voit d'une assez grande étendue du Lac Majeur, s'élève au tiers de la colline sur la droite d'Arona. Dans l'intérieur, monte en spirale une pyramide construite en pierre, par laquelle on arrive jusqu'à la tête du géant. — Les proportions en sont énormes : une personne s'asseoit facilement dans chaque narine. — Le bréviaire placé sous le bras du saint contient jusqu'à douze visiteurs. — La famille Borromée a élevé ce monument à la mémoire du charitable archevêque dont le *Scurolo* du Dôme conserve les reliques.— Le pays entier avait gardé un souvenir si profond de son dévoûment inépuisable et de sa bienfaisance universelle, — que tous les riverains du lac se sont associés par une généreuse collecte à la pensée et aux mains qui ont édifié cette œuvre impérissable. — Je ne suis pas tenté de recommencer l'ascension de cette statue, que j'ai visitée il y a neuf ans.

Plusieurs passagers, — et nous du nombre, — débarquent à Strezza, laissant le Verbano continuer sa course jusqu'à Magadino, petit village suisse qui se perd dans les vapeurs bleuâtres à l'extrémité du lac. — Des douaniers autrichiens nous attendaient de pied ferme sur la rive, et furent désappointés, — car, fatigués que nous étions déjà de la longue séance de Sesto-Calende, — nous ne laissâmes pas aborder nos barques, — et les fîmes diriger en droite ligne sur l'*Isola-Bella*.

— Qui n'a dans sa vie, et plusieurs fois peut-être, ouï nommer les îles Borromées? — Qui ne les a entendu appeler la huitième merveille du monde, et louer à l'avenant? — Or, il est assez difficile de donner au lecteur l'idée d'une merveille, dans une cinquantaine de lignes écrites à toute volée. — Les îles Borromées sont au nombre des choses qu'il faut voir soi-même, parce qu'elles outre-passent toujours l'idée qu'on s'était faite de leur splendeur. — Le voyageur qui en revient ne dit jamais : « Ce n'était que cela ? je m'attendais à mieux ! » — Il s'écrie, au contraire : « Mes rêves n'avaient rien d'aussi magnifique, de pareils prodiges m'étaient inconnus ! » —

Un soir du mois d'avril 1670, — par un de ces premiers beaux jours qui viennent en éclaireurs savoir si la terre est prête et si les bourgeons pointent aux cimes des peupliers, — le comte Vitaliano Borromeo se promenait pensif sur les murs extérieurs du château de ses ancêtres, dont les tourelles dominaient fièrement le lac, sur la gauche d'Arona. — Il admirait cette riche et prismatique dégradation de teintes roses, — dernière parure que le soleil couchant envoyait aux neiges du Valais, et que les neiges montraient avec orgueil aux transparentes ondes mollement étendues à leurs pieds. — Du sein de ces ondes sortaient quatre pointes de rochers noirs, dures à l'œil, et brisant l'harmonie, comme quatre taches d'encre sur une belle nappe azurée. — En homme dont la fortune et la volonté rencontrent rarement des obstacles, Vitaliano éprouvait une violente contrariété et une impatience agitée de voir ces quatre points de granit lui gâter l'admirable panorama qu'il avait sous les yeux ; — il eût voulu les faire sauter d'un coup de pouce, et s'irritait de cette résistance brute et passive qu'oppose imperturbablement aux désirs humains la nature inanimée. — Puis, son imagination venait à remplacer la rudesse et le désaccord de ces pierres par un de ces magnifiques bouquets d'arbres jaillissant des flots, comme il y en a seulement sur les toiles du Lorrain ; — il voyait se détacher sur le fond blanc et bleu des glaciers environnants la silhouette d'un de ces massifs ombreux que les peintres ont placés dans les jardins d'Armide et de Circé ; — les dômes de verdure s'écartaient pour laisser surgir de féériques pyramides et des montagnes de fleurs, — tandis que les rayons du soleil se projetant obliquement sous les feuillages arrondis, détachaient vigoureusement de l'ombre les blanches statues, les urnes antiques et le panache des gerbes d'eau.

Au milieu d'un de ces bosquets fantastiques, — sous l'éclat mourant des derniers feux du jour, — s'élevait un palais plein de surprises et d'enchantements. Il était si grand, que l'imagination elle-même s'égarait dans ses profondeurs inconnues, sous ses portiques chargés de sculptures, sous ses galeries tapissées de tableaux, — dans ses labyrinthes souterrains, dans ses royales avenues ! — Vitaliano s'y établissait avec sa race ; — il était le roi de son île ; il en faisait le plus petit mais le plus merveilleux des royaumes ; les quatre parties du monde, sur un signe de son doigt, venaient déposer à ses pieds le tribut de leurs productions et de leurs richesses, — et le visiteur étranger qui abordait la rive enchanteresse, emportait en la quittant un de ces éblouissements magnifiques dont un conte de fée emplit la tête ardente d'un enfant.

Et le soleil se coucha au loin sur les riches plaines de

la Lombardie, le lac se recueillit dans le silence des montagnes, les quatre points de granit se perdirent dans l'ombre, et avec eux s'évanouit le brillant échafaudage construit par la poétique inspiration de Vitaliano. — Comme il retraversait le mur d'enceinte, ne laissant qu'avec peine le positif de la réalité reprendre le dessus sur le néant de ses rêves, il s'écria, portant un défi à cette réalité qui l'obsédait de sa puissance : — « Eh! pourquoi pas? — Pourquoi le soleil étonné ne se lèverait-il pas un jour sur les créations de ma pensée? — Pourquoi ces quatre rochers noirs ne disparaîtraient-ils pas, enfouis sous la montagne d'or dont je puis les écraser? »

Et d'une chose possible à une chose faite, la distance était un atôme pour Vitaliano, — pour cet homme superbe dont la fortune pouvait tout ce que l'orgueil voulait, et qui ne portait que sur son blason la devise des Borromée : — HUMILITAS!

Un beau jour du mois de septembre, — une vingtaine d'années après ce qui précède, — le comte apercevait du haut de sa tourelle un magnifique amphithéâtre d'orangers, posé comme un bouquet dans ce grand vase du Lac Majeur, où la Reine des ondes semblait l'avoir mis à rafraîchir ; une brise légère lui apportait des parfums inconnus aux fleurs du rivage, et les pêcheurs surpris et curieux groupaient leurs barques pavoisées autour de ces îles nouvelles, sorties comme par enchantement du sein fécond des eaux.

Hélas ! hélas ! — si j'avais été le comte Borromée, j'aurais dit à ma fortune, cette magicienne puissante qui avait réalisé mes rêves : — « Je te rends toutes ces mer-
» veilles, rends-moi mes quatre rochers de granit ! —
» Que ces palais et ces jardins s'engloutissent dans la
» tempête, et qu'on me donne les vingt années en échan-
» ge desquelles je les possède aujourd'hui ! » —

Quoiqu'il en soit, voilà ce qui fait que les îles Borromées sont au nombre de quatre, et que sur chacune de ces quatre, je dirai très-peu, parce qu'il y aurait trop à dire. —

L'*Isolino*, — ou l'île Saint-Michel, est tout un petit rêve comme on en fait l'hiver au coin de son feu.

L'*Isella*, ou *Isola de' Pescatori*, est une colonie de pêcheurs dont l'existence et les relations n'ont jamais dépassé la surface de leur territoire ; ils sont là plus de deux cents, ayant chacun leur barque et leurs filets, dont ils font à leur île une double ceinture. — Un petit clocher s'élève au milieu de leurs tranquilles cabanes, — et jamais une voile ne s'éloigne assez dans l'horizon pour que le pêcheur la perde entièrement de vue. — Le bonheur habite-t-il ces deux îles, si modestes, si humbles, — ou les deux autres, si princières, si orgueilleuses ?... — C'est une question.

L'*Isola-Madre*, — dont la verdure vive et foncée tranche vigoureusement sur le cirque de glaciers ouvert au-dessus d'elle, — réalise le contraste qu'avait rêvé le comte Vitaliano. — On dirait une belle forêt du Nord arrachée tout entière et transportée en un seul bloc sur l'Océan qui la soutient. — Plus les montagnes environnantes se couvrent de neige et de blancheur éclatante, plus l'Isola-Madre épanouit son immense bouquet toujours vert, plus elle fait éclater la fraîcheur de ses divers feuillages, sous lesquels le printemps, chassé du reste de la terre, semble venir se réfugier. — A part une sorte de musée carré qui renferme des tableaux de prix et des curiosités d'histoire naturelle, l'île entière n'est qu'un vaste parc royal, admirablement planté d'épais massifs de cyprès, de lauriers, de baumiers, de sapins, d'ifs et de pins gigantesques, — dont les avenues laissent le regard percer de longs portiques pleins d'ombre, au fond desquels éclate le bleu brillant du lac. — Le soleil s'égarant par échappées dans les intervalles de ces masses noirâtres, y touche de ces larges effets de lumière que Clément Boulanger excellait à reproduire en quelques coups de pinceau. — Versailles, taillé, émondé, façonné au goût géométrique d'un ciseau routinier, — n'a rien de comparable aux majestueuses beautés que la nature sait elle-même jeter sur ses œuvres, — et jamais une allée de charmille ne pourra s'égaler aux voûtes bizarres, profondes, mystérieuses, ouvertes au caprice de la végétation sous les forêts vierges de l'Isola-Madre.

Le visiteur égaré dans une de ces solitudes pénètre dans une enceinte où son approche fait envoler une compagnie de faisans dorés, de faisans du Japon, où le bruit de ses pas éveille le cri des paons et d'une foule d'oiseaux exotiques de tout pays, de toute grandeur, de toute forme, de toute couleur, dont les essaims se croisent, se poursuivent, se réfugient à grands et bruyants battements d'ailes sur les rameaux élevés, joyeux captifs qui semblent libres et n'ont de la liberté que l'apparence trompeuse, — car un immense réseau de fer perdu sous la voûte des arbres les retient dans une prison dont le promeneur ne se doute pas.

Mais tout cela est encore bien loin des magnificences inouïes de l'*Isola-Bella,* de laquelle approchait insensiblement notre barque, comme pour nous laisser le loisir d'admirer un spectacle si nouveau pour plusieurs, et que nous voilait en partie un immense massif d'Oliviers.

Lac Majeur.

XVIII.

Isola-Bella. — Galeries. — Jardins. — Battaglia.
Patrie absente. — Elisa.

Un tout petit cicerone, vrai Tom-Pouce italien, descend avec la légèreté d'un écureuil les degrés de marbre qui commencent au plain-pied du pérystile du palais et vont se perdre dans la transparence du lac. — Nous remontons avec lui, et le suivons dans des appartements d'une somptuosité royale. — Il n'y aurait guère qu'un seul moyen d'en donner une idée : ce serait de copier mot pour mot, et sans autre réflexion, le catalogue de toutes les richesses qu'ils contiennent; mais ce catalogue n'existe pas. C'est un palais privé et non un musée public ; les voyageurs doivent encore s'estimer heureux de l'obligeance avec laquelle les possesseurs de cette merveille cèdent la place et se font invisibles pour ne pas gêner des investigations quelquefois indiscrètes. — Nous avons mis plus d'une heure pour traverser au pas de course les salons, les pas-perdus, les chambres et les galeries.

Tout y porte le cachet d'un luxe et d'un grandiose qu'on admirerait sans déroger à Versailles et à Fontainebleau. — Il y a des appartements dont un seul ferait la fortune de ces bandes noires qui dépouillent nos vieux châteaux de leurs meubles antiques, de leurs panneaux sculptés, de leurs tentures de soie, de leurs tapisseries au petit-point, de leurs médaillons et de leurs curiosités antiques.

En parcourant ces vastes solitudes où tout est si bien entretenu, si lustré, si épousseté, — où toutes choses nécessaires à la vie se trouvent prêtes et à leur place comme si on allait immédiatement en faire usage, — et où cependant on ne rencontre âme vivante, — il vous revient en mémoire le conte de *la Belle au bois dormant*. — Et toutefois, chaque détail vous révèle qu'une fée n'a point endormi les maîtres et les serviteurs du palais enchanté. — La vie habite bien ce château magnifique, elle vous entoure, on la pressent, on la devine ; mais, comme la police de Londres, on ne l'aperçoit pas.

Le comte Borromée actuel est un homme de goût et

de savoir : les moindres détails de ce magnifique ensemble attestent le discernement et le soin avec lequel il l'affectionne, et rien n'est indifférent à qui sait regarder. — En quittant une vierge de Carlo-Dolce, une Madeleine du Carrache, une tête de Guido Reni, un paysage de Salvator Rosa ou du Poussin, un marbre de Thorwaldsen ou de Canova, un chef-d'œuvre de Boulle où s'incrustent en mosaïque toutes les pierres précieuses du globe, la vue s'arrête encore avec complaisance sur le loqueteau d'une simple porte de communication dérobée, boule de cuivre richement ouvragée, et portant en relief artistement guilloché les armes et le chiffre des nobles seigneurs de l'île.

Les galeries de tableaux sont fort belles, et comme disposition spéciale et comme signatures : c'est une collection à peu près complète d'autographes au pinceau. — J'ai revu avec plaisir, dans une salle de billard, d'admirables peintures sur tables de marbre; je m'en souvenais comme de l'un des joyaux les plus rares de cet écrin royal.

Le paysage qui se déroule à chaque fenêtre fait presque oublier les magnificences intérieures; on ne sait où porter son admiration! — Partout de radieuses échappées sur la brillante et limpide surface du plus beau lac de l'Italie, saphir changeant, monté dans la couronne argentée des Alpes, diamant coloré de mille feux, suivant le rayon, la brise ou le reflet. Sous ce balcon, le palais baigne ses beaux pieds de marbre dans le flot qui les caresse ; — au bas de cette galerie, de blanches voiles traversent comme des nuages les intervalles d'un feuillage toujours vert.

Un second palais souterrain s'ouvre comme un nouveau monde au-dessous du premier ; là encore le fil d'Ariane est nécessaire. — Il serait aisé de se perdre dans ces grottes rocailles, — dans ces salles pavées en petits cailloux de granit, à colonnes de coquillages, à mosaïques de marbre et de cristal, vraies et mystérieuses retraites de naïades, pleines de lianes grimpantes, de bancs rustiques, de statues, de fraîcheurs sonores et de jaillissantes fontaines! — On dit qu'une fête aux flambeaux est d'un effet prodigieux dans les innombrables reverbérations de ce cailloutage, dont les angles réfracteurs se métamorphosent, par l'effet d'une seule lumière, en étincelantes tapisseries toutes brodées d'améthistes, d'émeraudes, de topazes et de rubis.

Les jardins sont en quelque sorte une dérogation de la nature à ses lois ordinaires : — tous les climats s'y confondent sous le climat factice que renouvelle chaque année la fabuleuse libéralité du propriétaire; il faut des tonnes d'or pour conserver aux pieds des Alpes la végétation de l'Afrique et du Portugal; — et il ne s'agit point de serres chaudes, il ne s'agit pas même de ces immenses charpentes de fer vitrées comme vous en avez pu voir à Paris au Jardin-des-Plantes; — mais bel et bien d'un bois entier d'orangers de haute-futaie, — planté en pleine terre, — vaste comme un carré des Champs-Élysées, — autour duquel et sur lequel il faut chaque hiver bâtir un édifice énorme qu'on démolit tous les étés. Ce ne sont pas les arbres qu'on transporte sous l'orangerie, mais l'orangerie elle-même qu'on apporte pièce à pièce sur les arbres; — on se fait ainsi une promenade d'hiver qui n'a certainement pas sa pareille au monde. — Il y a aussi un bois de lauriers d'Espagne, un bois de myrthes, un bois de sapins de toutes les variétés connues, au milieu desquelles se dresse le cèdre du Liban. — Les terrasses, disposées en pyramide qui se termine par la flèche aiguë d'une licorne, — armes des Borromées, — sont chargées de statues, de jets d'eau, d'urnes pleines de fleurs, — et tapissées de citrons, de poncyres, — d'ananas, de cédrats, de pommes d'amour, de grenades, de *fruits* de camélia et de néfliers du Japon, — enfin de tous les produits exotiques créés pour d'autres rives que celles du Lac Majeur.

« Qu'on découvre, — nous dit le jardinier, — une
» fleur nouvelle, un arbre jusqu'à présent inconnu, —
» et nous l'enverrons chercher, — fût-ce au sommet de
» l'Hymalaya, aux glaces du Pôle ou du Spitzberg. —
» Mais jusqu'à présent, feuilles, fleurs et fruits, nous
» possédons tout ce qui existe, ou du moins tout ce que
» l'homme sait exister. »

Ce peu de mots me dispense de vous conduire sous mille ombrages, de vous nommer des milliers de fruits et de fleurs, intraduisible mosaïque naturelle où s'harmonisent dans un ravissant ensemble toutes les formes, toutes les couleurs, tous les parfums et tous les goûts.

Je roule entre mes dents une feuille de camphrier dont le suc a identiquement la saveur et la force du camphre en cristaux. — J'entre sous un bosquet de lauriers roses et blancs, — grands comme de petits arbres, — chargés de bouquets et répandant une odeur de vanille si exquise et si prononcée, qu'elle me fait songer à ces forêts de vanilliers dont la brise marine apporte les parfums à plus de vingt lieues aux équipages égarés sur des mers inexplorées. — J'ai rapporté une de ces fleurs; — à mon entrée en France, elle embaumait encore l'intérieur de la valise où je l'avais placée.

Un des enfants du jardinier vint immédiatement me prendre pour me conduire au tronc d'un énorme laurier, sur l'écorce duquel le général Bonaparte, l'avant-veille du grand jour de Marengo, écrivit à la pointe d'un couteau le mot : BATTAGLIA.

— « Certes! dis-je à l'enfant, — ou cet arbre a bien
» grandi malgré son grand âge, — ou j'aurai moi-même
» bien rapetissé; — car j'ai parfaitement présent à la
» mémoire que ce mot était gravé un pied plus bas que
» ma tête, tandis que ma tête est aujourd'hui d'un pied
» moins élevée que lui. »

— « Dam! Monsieur, c'est que papa ne peut pas tou-
» jours l'écrire au même endroit; ça gâterait l'arbre... »

— « Ah! diable!... votre papa? c'est lui qui a écrit! »

« Même qu'une fois il s'est trompé, il a mis *Vittoria*
» pour *Battaglia;* ce qui a attrapé bien du monde, et a

» mis dedans M. Alexandre Dumas, qui l'a fait imprimer
» dans son pays..., en disant que c'était entre le pre-
» mier et le second service d'un dîner servi sous cet ar-
» bre, que l'Empereur avait fait ça.... »

— « Eh bien?... »

— « Eh bien! cette blague, c'est lui qui l'a faite; papa
» ne lui avait coulé que l'autre. »

— « Voilà ce qui m'explique pourquoi ce mot, qui n'a-
» vait plus en 1835 que ses trois dernières lettres pres-
» que illisibles, se trouve au complet aujourd'hui, Phé-
» nix *rené* de ses cendres, et pas mal enjolivé... »

— « C'est que, voyez-vous, Monsieur, le même mot
» sert pour toute une saison, et des fois il n'y a rien que
» des Anglais au commencement; et quand il n'y a rien
» que des Anglais, les lettres s'en vont bien vite, parce
» qu'ils viennent les enlever avec leurs couteaux; — et
» comme ça, les autres qui arrivent à la fin ne trouvent
» plus qu'un E, qu'un I, ou qu'un A, — qu'ils empor-
» tent bien tout de même, allez! »

— « Et alors, ton papa renouvelle la provision pour
» l'année suivante? »

— « Ah! oui, faut bien; — mais hier il a dit qu'il ver-
» rait à choisir un autre arbre, parce que ça finirait par
» faire mourir celui-là... »

Certes, cette honnête spéculation du jardinier de
l'Isola-Bella laisse bien loin derrière elle le dévouement malheureux du concierge de Ferney, et l'éternelle canne à pomme d'or de ce pauvre M. de Voltaire!

— Allez donc, enthousiastes affamés, — sur la foi d'un cicerone qui vous tend la main, — baiser en vous prosternant la trace d'un grand homme...., lequel vous regarde faire à trois pas derrière vous, souriant, et glissant dans sa poche le pécule arraché à votre admiration ! Allez, et priez saint Thomas d'être dans ce siècle un peu votre patron.

J'allai de là voir une immense cavité formée naturellement par les accidents du rocher primitif de l'Isola-Bella, dans laquelle tombe de la voûte un fantastique pendentif formé par un faisceau de racines de lierre. — Il y a un intervalle entre le sol et la base de la colonne, si bien qu'elle suit comme une guirlande la main qui l'attire, et, soudainement lâchée, va se balancer en escarpolette entre les parvis de la grotte, — diminuant le diamètre de son quart de cercle, jusqu'à reprise parfaite de sa perpendicularité. — J'arrivai ainsi au centre d'une pelouse de ray-grass, chargée de touffes d'hortensias bleus — (que M. Alphonse Karr en pense ce qu'il voudra, je maintiens qu'ils étaient d'un beau bleu, et non pas roses) — et recouverte d'un dôme de sapins argentés. — A trois pas de la rampe en fer qui borde l'île sur le lac, en face de ces vues pour lesquelles on a créé l'expression de *faites à plaisir,* cinq ou six chaises rustiques s'étalaient irrégulièrement en demi-cercle ; — sur l'une d'elles était un livre, un dé à coudre, un canevas ; — à terre gisaient quelques fleurs effeuillées : — on voyait que cette solitude venait d'être habitée quelques minutes avant. — Or, tout en admirant le gracieux bouquet de l'Isola-Madre, sur lequel le soleil couchant faisait épanouir de larges fleurs dorées ; — tout en cherchant au loin, dans les sombres gorges de Magadino et de Marobbia, — quelque bastion encore éclairé de Bellinzona, où un français croit voir errer les grandes ombres de François Ier et du chevalier Bayard ; — tout en suivant du regard, — au-dessus de Varèse, — cette harmonieuse *ligne des coteaux qui fait rêver,* je me disais à part moi :

— Il est providentiel que le Seigneur ait mis l'amour du sol natal dans le cœur de tous les hommes ; — autrement, en voyant certaines parties du globe si largement rétribuées, si complétement douées de tout ce qui est beau sur la terre, quels regrets douloureux n'éprouverait-on pas d'avoir bâti sa tente d'un jour sur un rivage moins favorisé !..... Mais les yeux seuls admirent, la vue seule est éblouie par ces merveilles, et le cœur reste froid ; — la patrie est moins belle, il le sait, — mais elle est toute peuplée de souvenirs, mais tous les toits y sont connus, mais il l'aime enfin telle qu'elle est, parce que c'est elle et qu'il l'a toujours vue ainsi, — tandis que la perspective d'une existence transplantée dans ce riche cadre qui émerveille le regard, l'effraierait comme un désert, comme un isolement, comme un arrachement à toutes ses racines, comme une prison, comme un exil !..... Je le répète, il faut bénir cette loi de la sagesse infinie ! — Ah ! par exemple, les enfants nés sous ces ombrages, ceux dont les premiers rêves ont été bercés sur les vagues de ce lac, ceux pour qui toutes ces splendeurs ne sont autres que la maison paternelle, ceux qui en parcourant ces allées se souviendront de leurs jeux de tous les jours, pour qui la langue du pays sera la langue de leur mère, et qui ne se rappelleront pas du premier soir où ils auront vu roser les Alpes et disparaître le globe du soleil derrière le Monte-Orfano, pensez-vous qu'ils aimeront leur patrie, et qu'ils la retrouveront avec ivresse s'ils viennent jamais à s'en éloigner !... Mon Dieu ! pensais-je, — si le prince Borromée a des enfants, quels délicieux souvenirs le vague des premiers jours ne laissera-t-il pas au fond de leur cœur et de leur mémoire !

Nous allons voir la chambre où a couché Napoléon. — Pour nous y rendre, nous traversons un petit salon d'été, — vrai bijou de coquetterie; — un piano était ouvert; — sur une table à jeu, quelques cartes oubliées; — sur une console, le plus beau et le plus frais bouquet de dalhias jaspés, dont les fleurs massives ne forment qu'une seule et énorme pomme de pin; — sur un petit chevalet, un dessin au crayon, récemment achevé et signé par la chatelaine; — enfin, nous entrevoyons là comme un échantillon de la vie intérieure, de la vie de tous les jours; — nous sommes en quelque sorte initiés au bonheur privé, aux secrets de l'intérieur, à l'existence de famille, rêve heureux que je venais de songer !

Et sur un guéridon placé dans l'embrasure de la fenêtre, en face de cet inimitable panorama de montagnes, de collines, de villas et de voiles blanches au couchant doré, — à côté d'un chapeau de paille à rubans roses qui pouvait bien aller à la tête d'une enfant de huit ans, était un petit cahier d'écriture à peine formée, sur la première page duquel on lisait :

« Commencé le 16 août 1844. — Élisa Borromeo... »

Auberge du Simplon, 6 septembre.

XIX.

L'accent allemand. — Domo d'Ossola. — Davedro.

Vers cinq heures du soir, nous étions rendus à Baveno, joli petit village au bord du lac, où nous comptions prendre à son passage le courrier qui va de Milan à Genève, s'il y avait de la place ; — et il s'en trouve toujours, car il faut en cela rendre justice à l'administration des vélocifères, — le nombre des voyageurs n'est pas limité ; — on fait partir autant de voitures de supplément que l'affluence l'exige, et, comme chez Nicolet, en fait de places, quand il n'y en a plus, il y en a encore; — ce qui n'oblige pas de les arrêter quinze jours d'avance, comme à Turin, chose peu aisée quand on n'en séjourne que cinq; — ce qui fait aussi qu'on ne rencontre pas sur la route de ces nez longs d'un pied, qui ont fait deux lieues dans la boue, une malle à chaque main, un parapluie sous un bras et une canne sous l'autre, pour venir montrer une figure ruisselante et décomposée au conducteur qui leur crie sans arrêter :

— « Bien fâché! complet! » —

Après une demi-heure d'amicale causerie avec les douaniers, — qui eurent la complaisance d'examiner avec nous, entre quatre murs de huit pieds carrés, si rien ne s'était égaré de nos petits effets, — cinq voitures arrivèrent se suivant à peu d'intervalle.— On nous emballe dans un intérieur, où nous avons pour seul compagnon de route un individu littéralement enfoui dans l'exagération de sa cravate et les deux triangles de son faux-col exorbitant.

A peine le conducteur avait-il refermé la portière, que nous le voyons reculer de trois pas, comme qui cherche à éviter un coup violemment porté; puis il se fait de grands éclats de voix, au milieu desquels nous ne distinguons que ces mots :

— « Fieux foleurs! ya, che prûlerai fôdre zerfelle, foyez-fous pien! »

Tout aussitôt, notre inconnu de l'intérieur éclata de rire.

— « Ya! *postillone Grob!* — vociférait une voix dans

le coupé, — che zaurai pien droufer la bolice ou le bisdolet, ya ! ya !... »

L'inconnu redoubla d'hilarité.

— « Et ce vaquin barisien de l'indérieure, ya, ya !... il beut barler, che le drouferai pien ausi !... »

La voiture partit, et au triple galop, circonstance à noter.

— « Messieurs, — nous dit le Parisien, en entr'ou-
» vrant un peu sa carapace de colimaçon, — imaginez-
» vous que nous avons dans le coupé un gros rougeaud
» d'Allemand, — de l'espèce colère et furieuse ; — il fait
» mon bonheur depuis Milan. — Au premier relai, il a
» demandé sur quelle route nous étions. — Sur celle
» de Genève, lui a-t-on répondu. — A ce nom, j'ai cru
» qu'il allait tout pourfendre ; il était déjà descendu
» pour assommer d'un coup le conducteur et le pos-
» tillon... »

— « Et pourquoi cela ? »

— « Parce qu'il dit avoir arrêté sa place pour *Gênes*,
» et qu'en se sentant rouler vers *Genève*, il réfléchit qu'il
» n'arrivera pas de sitôt... »

— « Oui, — dis-je, — c'est à peu près comme si de
» Paris étant, et croyant avoir pris le courrier de Stras-
» bourg, on l'eût fait partir pour Bayonne. »

— « Il voulait forcer le conducteur et les voyageurs
» à retourner à Milan ; vous comprenez que cela n'allait
» pas à tout le monde ; aussi, il est furieux de ce que
» nous le laissons crier dans une voiture qui va en sens

» inverse de ses projets, et l'éloigne d'autant plus de
» son point d'arrivée. Le malheureux a mal prononcé
» *Gênes*, en arrêtant sa place : le buraliste aura compris
» Genève. — Je ne suis pas fâché qu'on pince un peu
» ces bons Germains à l'endroit de leur prononciation ;
» — car eux et leurs chevaux sont impitoyables pour
» la nôtre quand nous nous hasardons à parler allemand,
» et si on a le malheur de ne pas tirer de son gosier
» une note identiquement semblable à celle qu'ils ont
» l'habitude d'entendre, — ils ne la comprennent pas
» davantage que si vous l'aviez extraite d'un vocabulaire
» iroquois ; — sans compter qu'elle n'est déjà pas si fa-
» cile à bien mâcher, leur langue ! Ils ont des substantifs
» si diaboliques, qu'il faut se mettre quatre pour en venir
» à bout.

» Imaginez-vous, Messieurs, qu'il est très-imprudent
» de s'exercer à prononcer les mots allemands qu'on ne
» possède pas à fond. — Me trouvant un jour sur la
» route de Bâle à Schaffouse, assis à côté du conduc-
» teur, sur la banquette d'une diligence, je prenais,
» chemin faisant, quelques leçons de prononciation d'un
» mien ami depuis longtemps acclimaté aux sons guttu-
» raux. — A Sakingen, la voiture s'étant arrêtée, le
» conducteur et le postillon descendirent pour aller boire
» de la bière, excellente dans ce pays là. — Ma leçon
» continuait toujours, lorsque mon ami me prononça,
» sans difficulté et sans nul inconvénient, un adjectif
» neutre dont je pouvais avoir besoin dans le courant

» de la vie. Avant de me hasarder à le répéter, je le fis
» redire à mon ami six fois de suite, tâchant de bien
» saisir le mécanisme de son organe et les délicates in-
» flexions de sa voix. Dès que je crus pouvoir imiter le
» modèle, ouvrant la bouche avec précaution, je lâchai
» timidement mon adjectif neutre... et soudain les six
» chevaux de la voiture prirent le mors aux dents, en-
» jambant les fossés, passant à travers champs et mois-
» sons, et s'enfuyant comme si je leur eusse attaché à
» la queue toutes les torches flambantes des renards
» philistins. »

— « Que diable faites-vous donc, — me dit le profes-
» seur, blanc comme la mort, — *vous avez mal pro-
» noncé !* »

« Lorsqu'on arrêta les chevaux, la voiture était sur le
» flanc, — tous les voyageurs plus ou moins contusion-
» nés, — moi-même j'avais un éclat de vitre dans l'avant-
» bras; en voici la cicatrice, ce qui fait que je ne m'exprime
» plus en allemand qu'avec la plus grande retenue. —
» Dès que chacun fut remis de son émotion, et que la
» diligence eut repris la route de Schaffouse, mon pro-
» fesseur me dit : — Vous avez passé trop légèrement
» sur l'aspiration de la seconde syllabe. »

— « Certes, répondis-je, il n'y avait pas là de quoi
» verser dans un fossé en contusionnant dix personnes !
» Votre langue est peu sûre pour les étrangers ! »

— « C'est que cette aspiration trop adoucie donne une
» autre signification : les chevaux ont cru que vous pro-

» nonciez un mot après lequel on a pour habitude de
» les rouer de coups. »

— « Merci ! vous eussiez bien dû m'en avertir avant ;
» j'aurais essayé tous les mots possibles plutôt que
» celui-là. — Du reste, je ne m'en servirai plus qu'à
» pied, et si je connaissais vos grammairiens, je leur
» dirais que la charité les oblige à marquer d'une asté-
» risque dans leurs dictionnaires, ces charmants voca-
» bles, qui ressemblent à ces pétards que l'on ne peut
» toucher sans se faire partir dans les jambes un feu
» d'artifice entier. »

Nous étions arrivés en face des célèbres carrières d'où furent extraites les colonnes géantes du Dôme de Milan ; des blocs de marbre de vingt et trente mètres de long étaient couchés sur les deux bords de la route, comme une armée de Titans foudroyés. — Rien de plus frais et de plus riche en végétation que la jolie petite vallée qui s'étend de Gravellona à Vogogna, — j'entends frais comme couleur de feuillage et de verdure, car la température était celle d'un four à chaud. — A peine pouvions-nous saisir au passage deux minces courants d'air tiède en traversant la Toccia et l'Ovesca. — A droite et à gauche, s'ouvraient cependant de ravissantes échappées : le petit val d'Antrona, où nous dessinâmes jadis de charmantes ruines; le vallon de Vedro, tout tapissé de cascades, les gorges de Vigezza, et la magnifique vallée d'Anzasca où commence la route de Mont-Rose. — Mais les fleuves et les ruisseaux qui s'en échappaient semblaient y avoir épuisé jusqu'à cet air du soir qui vient ordinairement trembler sur les feuilles; les peupliers étaient pétrifiés, pas un brin d'herbe ne se balançait aux flancs d'un rocher; nous ruisselions...

Bientôt les deux postillons vinrent nous demander leur pour-boire, ou plutôt leur *abonnement*, — comme ils disent, dérivation corrompue de *bonne main*, je pense; car leurs honoraires ne sont pas compris dans le tarif des places comme en France; — ils font la quête à la fin de chaque relai, et s'ils ne sont pas satisfaits de leur collecte, vous êtes parfaitement sûrs d'être mal menés par les deux postillons suivants. — C'est un impôt d'autant plus désagréable aux voyageurs, qu'en moins d'une demi-journée ils ont épuisé toute sorte de monnaie et ne savent plus à quel billon se vouer.

Nous ne faisons que changer de chevaux à Domo d'Ossola, petite ville que je connaissais déjà et qui n'avait rien d'assez curieux pour m'arrêter une seconde fois. — Je me souviens seulement que les chantres d'église y sont habillés de rouge comme des cardinaux; qu'il y a plus d'ail qu'en Gascogne, plus de macaroni qu'à Naples, et plus de saucissons qu'à Novare. Domo d'Ossola a aussi quelques rapports avec les *pueblos* de la Cerdagne espagnole; les maisons y sont garnies de colonnades, et les rues couvertes de tentures; les prêtres et les femmes y portent le même costume, et les lazzaroni y sont aussi noirs et aussi décharnés que les muletiers aragonais.

Un gamin de dix ans avait profité de la station sur le pont pour jeter dans notre intérieur un petit papier imprimé, et nous avertir que le maître d'hôtel de Crevola, appelée aussi Cremone, avait à vendre un superbe et authentique *Amati*, signé et cacheté sous l'*âme*. — C'était le 22 août. — Avis aux violonistes. —

Je monte sur l'impériale, — ce qui est toléré la nuit en Sardaigne, parce que le jour on le verrait et que les règlements le défendent, — pour jouir, sous les gerbes de lumière projetées par la lune, de la délicieuse vallée de Domo d'Ossola, que nous laissons derrière nous. — La Toccia et la Doveria, — mêlant au loin leurs eaux, — semblent une immense fourche d'argent oubliée par la faucheuse nocturne au milieu des vertes prairies déjà bleuissantes d'un léger brouillard.

A Davedro, je reconnais les petites chapelles peintes à fresques sur les murs extérieurs, comme nous en avions déjà rencontré en Piémont. — Le vélocifère traverse les deux premières galeries du Simplon, cette voie romaine presque percée de part en part dans un bloc de rocher. Les rayons lunaires donnaient à la noire entrée des galeries l'aspect de la monstrueuse mâchoire du grand Léviathan; on eût dit que la bête vorace nous aspirait dans son gouffre...

Enfin, les claquements des fouets annoncent Isella, où plusieurs de nous devaient s'arrêter pour achever la montée du Simplon à pied le lendemain matin.

Genève, 8 septembre.

XX.

La Route du Simplon. — Les Epicéas. — La pluie.
Un quatrain classique.

A six heures du matin, une petite pluie fine et pénétrante se met en route avec nous, et ne cesse de nous accompagner. — Les pointes des montagnes élevées perpendiculairement à notre droite et à notre gauche se perdent dans un océan d'épaisse brume; les rochers lavés suintent, les mélèzes se voûtent comme des saules-pleureurs, le temps ajoute sa laideur à l'horrible nature des vals d'Isella et de Gondo. — L'Italie est bien gardée de ce côté; les portes de ce beau pays sont faites d'une autre terre, d'un autre aspect et d'un autre climat ; — rien ne décèle extérieurement les richesses du temple. — Nous traversons un chaos qui a plus d'une lieue en tout sens ; des masses de granit, de gigantesques blocs de roche noire sont entassés par un hasard bizarre ; — les uns sont soutenus en l'air et ne reposent que sur un angle aigu ; — d'autres font au torrent des ponts d'une seule arche et d'une seule pierre ; — il en est qui se dressent dans son lit de toute leur hauteur, lui opposant un obstacle vibrant mais indestructible, contre lequel il écume avec l'éclat du tonnerre.

Il y a quelques années encore, la route impériale du Simplon passait libre et respectée comme la volonté d'un homme au milieu de cette grande dévastation ; — des remparts qu'on eût dit être d'airain la protégeaient contre la violence des neiges ; l'œuvre du géant moderne semblait de force à lutter avec le chaos. — Aujourd'hui, ce travail romain n'est plus qu'un squelette dont on retrouve çà et là quelques ossements épars ! — Mais sachez d'abord ce qu'était cette magnifique route du Simplon selon Napoléon ; — je vous dirai ensuite ce qu'elle doit être à l'avenir selon le roi de Sardaigne.

Dans un parcours de plus de soixante kilomètres, — sur une montagne de la chaîne des Alpes située entre le Valais et le Piémont, — existait au dernier siècle un petit sentier tortueux et praticable seulement pendant la belle saison pour les mulets du pays. Ce sentier montait pendant trente kilomètres, et descendait d'autant ;

— il traversait des gorges affreuses, côtoyait d'horribles précipices, disparaissait sous les avalanches, était dur, heurté, périlleux, et défiait souvent le pied du chevrier lui-même. — Or, dans l'espace de six étés, — avec cinq mille ouvriers et dix millions de frais, Napoléon avait métamorphosé ce sentier en une magnifique route ferrée, de huit mètres de large dans toute sa longueur, — d'une pente constamment égale de 70 millimètres sur 2 mètres, — si douce qu'un homme à pied ne se doutait pas de la montée, si bien ménagée que les voitures qui la descendaient n'avaient pas besoin d'enrayer. Cinq cent trente mètres de galeries avaient été percés dans le roc vif, travail lent et difficultueux, à l'achèvement duquel deux cent cinquante mille kilogrammes de poudre avaient été employés. — Cet énorme serpent, sillonnant de ses nombreux replis les ondulations capricieuses du Simplon, était soutenu par des milliers de murs à pic, bâtis au péril constant des travailleurs, enracinés dans des gouffres prodigieux, traversant des quartiers de granit, en se raccordant à la montagne même par des soudures d'une audacieuse habileté. Je ne parle pas d'un nombre infini d'éperons, d'avancements, de ponts, d'aqueducs voûtés, — des dallages et des garde-fous en pierres taillées, des maisons de refuge élevées de distance en distance pour le soulagement des piétons surpris dans ces solitudes par les tourmentes de l'hiver.

Certes, c'était là une œuvre utile, profitable à cha-

cun, et glorieuse pour tous, puisque la France et l'Italie pouvaient chacune en revendiquer leur part, le versant valaisan ayant seul été exécuté par des ingénieurs français. — Mais que c'est chose étroite, mesquine et nuisible que le petit esprit de localité !... Et combien les intérêts privés ont de tout temps porté de tort au bien-être et à l'avantage du plus grand nombre ! — Le roi de Sardaigne se dit : — « J'ai deux routes fort mauvaises
» au grand et au petit Saint-Bernard ; — j'en ai une
» troisième médiocre qui traverse le Mont-Cenis ; —
» mais par chacune de ces routes on pénètre dans mes
» États de manière à les parcourir forcément en entier si
» on veut en sortir ; — le Mont-Cenis est en quelque
» sorte une porte de ma capitale qui ouvre en France ;
» — le Simplon, au contraire, débouche sur la plus
» étroite de mes frontières, tous ceux qui le descendent
» vont s'abattre sur Milan, qui malheureusement ne
» m'appartient pas, — et une fois engagés dans les
» royaumes de mon voisin l'Empereur, je n'en entends
» plus parler. Donc, je vais faire réparer les premières
» routes, et je laisserai dépérir la dernière; on en pensera
» ce qu'on voudra. » —

Mais je répondrai à ce souverain, que puisqu'on ne peut faire un pas dans ses États sans être exposé à une multitude de *visa* dont chacun coûte quatre francs, — il serait de bon aloi d'employer une mince partie de ce revenu à l'entretien annuel de *la plus belle route qu'il y ait au monde*. — Je lui dirai même que s'il établissait sur cette route un péage spécial dans ce but, chaque voyageur français l'acquitterait avec plaisir. — Ce n'est pas à moi d'ajouter s'il est honteux ou honorable pour lui de vouer au néant et à l'oubli une des œuvres les plus grandes et les plus généreuses qui soient sorties de la main des hommes et de la pensée d'un géant. — Si Napoléon avait eu un long règne, l'Europe entière y aurait gagné, — car les pays étrangers nous prouvent par les souvenirs qu'il y a laissés qu'il avait en vue l'intérêt du monde, celui de la terre, et non celui d'une portion d'hommes et d'un petit coin de l'univers. — Mais le roi de Sardaigne a changé tout cela.

Il est vrai de dire aussi que le *Frissinone* et la *Doveria,* — torrents qui descendent et creusent le Simplon, tailleraient chaque printemps un rude ouvrage aux cantonniers chargés de la réparation de la route. — En 1854 et en 1859 surtout, une si énorme masse d'eau fondit instantanément sur le val d'Isella, qu'après le passage de l'impétueuse colère, les habitants ne reconnurent jamais leur pays. — Le sol avait changé d'aspect, les perspectives n'étaient plus les mêmes : — plus de ponts, plus de maisons, plus de route, plus de sentiers, hélas ! aussi, plus de troupeaux, quelquefois même plus de parents et d'amis !....... Des montagnes de granit, taillées en cubes obliques, polies comme des miroirs de cuivre, survivaient seules dans cette désolation, — jetant à droite le torrent qui était à gauche, comblant d'anciens abîmes et en créant de nouveaux, colosses inconnus à l'étroit vallon et descendus avec fracas de rochers suspendus à mille pieds de hauteur, où l'œil aperçoit encore avec frisson les places vides qu'ils ont laissées. — C'est un horrible et magnifique spectacle; mais il glace l'âme d'effroi : — l'homme a le sentiment de sa faiblesse et de la puissance aveugle des éléments.

La pluie redouble tellement d'intensité, que force nous est d'arrêter un instant dans la galerie de Gondo, — longue de sept cents pieds, — à l'entrée de laquelle on lit cette laconique inscription : AERE ITALO 1805. — Une cascade d'occasion, roulant sur le rocher extérieur de la voûte, ajoute le fracas de ses éclats au retentissant et souterrain tonnerre de la Doveria, se débattant à trente mètres de profondeur dans les parois verticales du gouffre ; — tout ce tapage entre comme un ouragan dans la galerie, où nous n'entendons pas les cris que nous poussons. — Le volume d'eau soudainement renflé par intervalles produit des détonations irrégulières, saccadées, éclatantes, qui étoufferaient le bruit de la plus forte décharge d'artillerie. — Deux ouvertures percées en face du versant opposé de la montagne, nous permettent d'utiliser notre halte en assistant à un spectacle nouveau pour la plupart de nous. — Des hommes, perchés à des hauteurs incommensurables, — suspendus comme des chèvres sur les angles saillants des rochers, — font glisser jusqu'au bord du torrent d'énormes troncs de mélèzes dépouillés de leur écorce et de leur feuillage. — Ces rois des Alpes, — tombés dans leurs forêts comme des géants au milieu de leur armée, — écorchent leurs cadavres nus sur les arêtes vives du roc, — pendus à de longues cordes dont l'extrémité supérieure nous est cachée par le plateau, sur lequel est sans doute assis le mécanisme qui la déroule. — Deux files de surveillants, armés de longues perches, accompagnent l'arbre déchu en sautant de pointe en pointe, et régularisent sa lente descente en maintenant sa direction verticale et en l'aidant aux passages scabreux. — Parfois, un mur à pic se présente à franchir, — et dans la crainte que, le câble rompant tout-à-coup, le mélèze ne vienne à bondir et à se briser sur la route, les surveillants s'arrêtent et par trois fois avertissent les voyageurs du danger par des cris sauvages qui nous arrivent perdus au milieu des colères de la Doveria.

— C'est une chose surprenante ensuite, — lorsque le colosse est couché à vos pieds, — que de mesurer de l'œil ses proportions, que de constater sa taille prodigieuse, — lorsque ses frères, encore debout à leur place sur les sommets boisés, vous apparaissent comme des pygmées que vous arracheriez par centaines et qui tiendraient dans le creux de votre main. — Cette impression me rappelle l'exclamation d'Henri III, roi de France, qui, entrant dans la chambre où Henri de Lorraine venait d'être poignardé par son ordre, — et l'apercevant étendu tout de son long sur le plancher ensanglanté, s'écria : — « *Ah Dieu ! comme il est grand !* »

La Suisse fait un immense commerce du bois de ses arbres verts; aussi de jour en jour voit-elle diminuer le nombre de ses forêts. — Cette spéculation n'a pris un grand développement que vers la fin du siècle dernier. Les conseils des cantons ont essayé de l'arrêter, — ils voyaient avec peine leurs montagnes toujours vertes se dégarnir et se dépouiller; — d'autant plus que les spéculateurs abattaient les sapins avant qu'ils fussent arrivés au terme de leur croissance, qui est énorme, — car les *épicéas* atteignent souvent une hauteur de cent mètres. — Il faut alors une guirlande de douze bras pour couronner la circonférence de la base. — Mais les montagnards ont répondu aux avoyers : — « Vous avez les blés de la plaine, les moissons et récoltes de toute espèce, nous n'avons que nos chamois et nos forêts, il serait injuste de nous priver de notre seule ressource ! » — Alors les avoyers se sont bornés à déterminer un âge avant lequel on ne pourrait abattre les épicéas.

La France fait une grande consommation de ces arbres; — dans le Symmenthal, nous avons vu de nombreuses expéditions qui lui étaient destinées. — Les transports sont très-coûteux : — un sapin est posé sur trois essieux, dont l'un est à son milieu, les deux autres à ses extrémités; il roule ainsi sur six roues, et suffit à la charge de plusieurs chevaux. — Le propriétaire de l'abattis nous montra l'*empereur* de sa *vieille garde*, — selon ses expressions : — c'était un épicéa gigantesque de cent trente mètres; — à celui-là il ne fallait pas douze bras, mais bien douze hommes pour enserrer sa base.

Ces bois sont employés dans la marine, principalement pour des mâts ; on en fait aussi des lattes pour plafonds ; à l'aide de scies circulaires, on en taille des tuiles pour les maisons du canton de Berne, et des *demi-ronds* avec lesquels presque toutes les villas suisses ont leurs murailles recouvertes.

— Voyant que la pluie ne discontinue pas et que le jour s'avance, nous quittons la galerie de Gondo pour traverser le magnifique ouvrage du *Ponte-Alto*, — puis la galerie de Gabbio, à l'issue de laquelle le brouillard pluvieux nous permet à peine d'entrevoir l'amphithéâtre des glaciers de *Laqui*. Toute cette partie de la route, rendue glissante par de perpétuelles ondées, nous est pénible et triste. Rien de plus froid et de plus resserrant que le vallon de *Krumbach* avec un temps comme celui que nous avons : — c'est le désert habité par la mort, le déluge et la tempête ; il n'y a d'autres toits que ceux des refuges, sortes de sépulcres glacés dont l'aspect seul vous navre et doit redonner des jambes au piéton menacé de s'y reposer. — Nous nous appuyons sur un long bâton blanc de deux mètres, — armé d'un trèfle de fer à sa pointe et d'une corne de chamois polie à son couronnement. — Ces bâtons, fort en usage dans la Suisse montagneuse, et principalement dans l'Oberland, portent le nom de *Scipions*. — Je crois me souvenir en effet que *Scipio* avait la signification de bâton chez les Romains; — la famille des *Cornélius* ne reçut-t-elle pas ce surnom en mémoire de la piété filiale avec laquelle un de ses chefs illustres avait servi de *bâton* de vieillesse à son père ?

Enfin, nous arrivons dans le *Simpelndorf*, mouillés jusqu'à la moelle des os; — tout est tellement transi dans la nature, qu'en entrant au petit village du Simplon, deux oiseaux se laissent approcher par nous et prendre avec la main. — Ce village, — détruit de temps à autre par des éboulements considérables de rochers, — ne voit de soleil que pendant quelques mois de l'année. — Nous nous réfugions avec une inexprimable satisfaction à l'auberge de la Poste, sorte de chalet hospitalier, où nous trouvons des couvertures de laine dont chacun s'enveloppe après avoir suspendu à l'âtre ses vêtements transpercés. — Il y avait là quelques abbés turingeois, en pantalons et en manches de chemise, qui buvaient du *Cortaillod*, — excellent crû rouge de Neufchâtel, — et jouaient à la *Mourre*, amusement qui consiste à ouvrir un certain nombre de doigts et à deviner en même temps le chiffre des doigts ouverts par votre partenaire.

Nous étions sept couvertures de laine groupées comme un camp de Kabyles autour d'un large poêle allemand, — sur lequel on avait à moitié défiguré les noms de Thiers, — A. Dumas, — V. Hugo, — qui n'est jamais passé là, je crois; — et A. de Humboldt. — Ces différents noms font qu'une discussion s'engage bientôt sur les classiques et les romantiques. — On récite quatre vers, — prétendus de Racine ; — je les écrits sur mon album, et vous les donne sans garantie ; — ils valent bien le quatrain des beaux jours d'Hernani.

> Voix, cils, nez, nuque, cœur, cou, coudes, doigts, dents, dos,
> Jambe, ongles, langue, joues, yeux, lèvres, front, bras, bouche,
> Taille, air, flancs, tête, poings, pieds, peau, mains, sein, reins, os,
> Port, traits, tout tente en toi, tout attendrit, tout touche !...

On nous sert bientôt un excellent brouet noir de chamois, — auquel la sauce spartiate ne faisait faute, — puis une crème de *lichens* qui tapissent naturellement les maisons du pays. — Après quoi, nous nous endormons du sommeil des voyageurs.

Genève, 10 septembre.

XXI.

L'Hospice. — Les Crétins. — Brigues. — Les Échelles. — Sion. Autographes.

Un joli soleil nous réveille le lendemain matin, et nous éclaire ces *fiers sentiers* dont la gloire a été chantée par Châteaubriand. — Cette partie de la route est peut-être moins admirable que celle du versant méridional, — mais le paysage qui l'encadre a sa beauté, moins sévère et plus grandiose. — L'amphithéâtre énorme des glaciers du Kalt-Wasser, les têtes blanches du Schœnhorn et du Staldhorn forment un ensemble d'une majesté saisissante, — et c'est un prodigieux contraste que celui qui résulte de cet immobile désert glacé, perdu dans les solitudes célestes, — et de ce gracieux petit vallon de verdure étendu aux pieds de la montagne comme un riche tapis où le Rhône est brodé d'un fil d'argent, et où la petite ville de Brigues apparaît comme un nid de printemps couché dans l'herbe. — Le voyageur isolé, — et comme suspendu dans l'espace entre ces deux merveilles, dont l'une s'arrondit orgueilleusement à mille mètres au-dessus de sa tête, — dont l'autre se rapetisse coquettement à ses pieds dans une profondeur de plusieurs lieues, — reporte alternativement ses regards des neiges aux prairies, et vient enfin les reposer sur celles-ci de l'éblouissant éclat des premières.

Le col du Simplon a deux hospices. — Le premier est une ancienne baronnie ayant appartenu à la famille Stockalper, qui existe encore en Valais. — Une énorme tour carrée, noire et sauvage, avait été spécialement consacrée par les propriétaires de ce désert à l'hébergement gratuit des voyageurs piétons; ceux que le mauvais temps surprenait dans le passage du col y étaient secourus et soignés. — Malheureusement, les revenus de cette libérale famille ne suffisaient plus depuis longtemps à la continuation de l'œuvre généreuse, et Bonaparte fit élever un second hospice dans l'emplacement le plus élevé du passage, — sur la limite des deux pentes, — le destinant aux religieux du Saint-Bernard. — Le temps fut plus rapide que sa volonté, et ce bienfaisant projet resta en partie inexécuté, comme tant d'autres, quand tomba la puissance de celui qui l'avait conçu. — En 1825, les religieux du grand Saint-Bernard acceptèrent volontairement l'héritage de cette noble pensée, et se chargèrent de son entier accomplissement, — en achetant, à leurs frais, ce qui existait déjà, et en finissant les constructions commencées. — Leur hospice est aujourd'hui un immense vaisseau à trois ponts solitairement perdu sur un océan de montagnes — et s'offrant comme un phare sauveur aux regards lointains des naufragés. — Le capitaine de l'équipage est ce même père Barras qui a résisté vingt-cinq ans à l'âpre température du Mont-Joux; — les mousses sont trois beaux chiens dont l'habileté est sans égale pour les périlleuses opérations de sauvetage, quand la tourmente descend furieuse des glaciers du Kalt-Wasser.

Nombre de cascades, de ponts hardis et romanesques, de galeries où la nature lutte de merveilles avec l'art à demi-vainqueur, arrêtent de pas en pas notre admiration. — L'arche du Ganther surtout, colossale gueule de marbre blanc, vomit sans cesse l'immense avalanche d'un torrent de neige, — qui bondit comme un serpent, couvre la montagne de ses anneaux impétueux, et fait reluire ses écailles diamantées entre les noirs branchages d'une forêt de sapins.

Mais Brigues se rapproche toujours insensiblement, et, malgré soi, les yeux se tournent vers la plaine habitée, séjour des hommes, de leurs passions, de leurs misères, — mais centre actif de la vie, dont il est si difficile de se détacher!

— Au petit village de Ried, un être informe, très-gros et très-court, était assis sur un banc, à côté de la porte ouverte d'une maison. Un justaucorps de bois entourait sa taille, et la soutenait par quatre appuis qui allaient s'évasant vers le sol. — Une simple et longue chemise de toile très-grossière lui servait de costume.

En nous voyant, cette créature laisse fluer un long rire, lent et imbécile, qui s'immobilise sur ses lèvres béantes avec la bave mousseuse qu'il y avait amenée, — puis il dandine ses lourdes jambes en articulant une sorte de grognement sauvage, expression du plaisir et de l'étonnement qu'il a à nous voir. — Cette manifestation détermine un surcroît salivaire qui s'étend en filant sur un bloc de chair goîtreuse, — de la grosseur d'une citrouille, — maladivement épanoui sur l'emplacement de la poitrine et du cou, totalement effacés.

Nous éprouvons un sentiment d'horreur et de dégoût insurmontable à l'aspect de cette malheureuse créature, — punition d'un crime inconnu, type complet de l'espèce du crétin. — Nous devions en rencontrer bien d'autres, car le Valais en fourmille; peu de familles sont exemptes de cette double lèpre du corps et de l'intelligence.

— Voici ce qu'en dit un écrivain docteur, — dont j'ai oublié le nom :

— « Les crétins réunissent à la figure la plus hideuse,
» la plus révoltante, l'absence totale des facultés in-
» tellectuelles; — leur inertie est extrême; — ils ne
» sont capables d'aucun mouvement spontané, excepté

» celui de la déglutition; il en est cependant qu'on
» fait manger comme des enfants nouveau-nés. — Les
» crétins me paraissent une race d'hommes entière-
» ment dégénérée : leur taille est de quatre pieds,
» encore en voit-on beaucoup de trois pieds et demi. —
» Ils sont boursouflés, joufflus; ils ont le visage large
» et plat, les yeux éteints, le nez écrasé, les lèvres dé-
» colorées, le teint livide, jaunâtre, tirant sur le vert;
» —leurs chairs sont molles; — ils marchent en se balan-
» çant, et se soutiennent à peine. — Leurs sens sont
» émoussés et presque obtus; il en est qui n'ont jamais
» bougé de la même place, comme des végétaux ou des
» huîtres. — Du reste, ils ne sont pas malheureux,
» puisque toutes leurs facultés sont anéanties... »

— Croirait-on, — après ce qui précède, — que les parents regardent un crétin comme un bienfait du ciel, et que ceux qui n'en ont pas en demandent avec ardeur, et font des vœux, des pèlerinages pour en obtenir ? — C'est leur tête innocente sauvant les coupables, — leur paratonnerre, le grillon protecteur de leur foyer. — Il faut admirer la Providence ! (¹).

Brigues est une jolie petite ville sans importance, très-peu pourvue d'habitants, ce qu'on attribue à la grande peste du quinzième siècle, — et d'apparence neuve quant aux maisons, ce qui est la suite du tremblement de

---

(¹) Depuis que ces lignes sont écrites, il m'a été prouvé que ce préjugé allait s'affaiblissant, et que la race crétine elle-même s'éteignait peu à peu.

terre qui la détruisit en 1775, redoutable fléau dont elle a été frappée neuf fois dans le court espace de six siècles. — La guerre ne l'a point épargnée non plus : en 1799 encore, les Français y ont rudement frotté les Autrichiens.

Nous descendons tout le parcours du Rhône, qui, dans cette vallée, tantôt riante, tantôt dévastée, rappelle le cours désordonné de la Durance. Il charrie dans ses flots des montagnes de sable, qu'il étend sur la plaine comme une lave éteinte. — Les moissons, les terres végétales, disparaissent dans une nuit sous cette croûte aride, lèpre envahissante qui ronge le sol et à laquelle on n'élève pas de digues.

Le temps nous harcèle; aussi examinons-nous rapidement le vieux manoir des barons de Raron, les petites villes de Sierre, de Visp et de Viége, — la belle cascade de Tourte-Magne *(Turris-Magna)*, dont la chute perpendiculaire vient éclater avec fracas sur un bloc de granit, d'où elle rejaillit en queue de paon, terminée par un arc-en-ciel de toute splendeur. — Un *vélocifère* d'occasion nous permet de n'employer qu'une seule journée à explorer cette partie moyenne du Valais, dont les curiosités m'étaient déjà connues. — Seulement, nous consacrons tout le loisir nécessaire à la visite du fameux passage des *Échelles*, — conduisant aux piscines de Louesche, aux pieds de la Gemmi. — Nous descendons et remontons sans trop de peine les périlleuses marches; mais ce sont là choses, une fois faites dans la vie, dont on est bien aise de pouvoir causer et qu'on se promet bien de ne jamais recommencer. Il est beaucoup d'exercices plus gais que celui-là, — bien qu'on chante parfois en le faisant, — ce qui est une manière comme une autre de se rassurer soi-même sur les dangers de sa position ; — et ce chant ressemble fort au bruit des talons sur le pavé, que font entendre le soir dans les rues ceux qui ont peur des voleurs et n'en veulent pas avoir l'air.

Qu'on s'imagine trois ou quatre cents mètres de rocher verticalement taillé, et même plus que verticalement, car il fuit obliquement sous lui-même, si bien que sa cime est plus avancée vers le précipice, et que sa base se retire comme pour laisser le champ libre à quiconque se laisserait aller à la force centripète. — Contre cette paroi vertigineuse sont appliquées des échelles en bois de sapin usé et pourri, dont chaque échelon cède et craque sous les pieds. — L'extrémité inférieure de chacune de ces échelles est distante d'un mètre, et quelquefois plus, de l'extrémité supérieure de l'échelle suivante, — laquelle, accompagnant en outre l'inclinaison rentrante du rocher, ne s'aperçoit qu'à peine lorsqu'on descend. — Il en résulte qu'à chaque dernier échelon, le voyageur, la face tournée contre le mur, allonge sa jambe dans l'immensité, sonde l'abîme de son pied tremblant, — et s'il reste plus d'une minute à trouver l'appui qu'il cherche, — et que la pensée du gouffre sur lequel il est suspendu vienne l'assaillir inopinément,

— il sent un frisson tour à tour glacial et brûlant qui le parcourt dans chaque veine, de la plante des pieds à la racine des cheveux, et il lui faut toute son énergie et toute sa raison pour ne perdre ni sa force ni son courage, seules garanties de son salut.

Cependant, les indigènes se font un jeu de cet affreux passage; ils y grimpent comme des écureuils; ils le traversent la nuit, et chargés de fardeaux. — Un Anglais d'assez honnête rotondité se présenta un jour au bas de l'escalier redoutable, et ayant reconnu de près ce qu'il en était, jugea prudent de s'en tenir là. — Mais comment repasser le détroit pour avouer qu'il avait fait un voyage en Suisse et qu'il n'avait point passé les échelles? — Il prit donc le parti de se faire porter dans la hotte d'un montagnard, — parti mille fois plus terrible, selon moi; — mais le noble lord avait pris la précaution de s'étourdir par un vin généreux. — Son ascension s'exécuta au chant triomphal de *Rule Britannia!* et le soir de cette mémorable journée, il put dire comme le premier insulaire venu :

« Et moi aussi, j'ai passé les échelles! »

La ville de Sion a une importance historique dans les fastes du pays valaisan. Peu de cités ont éprouvé autant de vicissitudes, autant d'alternatives de misère et de prospérité, autant de secousses humaines, autant de révolutions géologiques. Son évêché est le plus ancien de la Confédération. Trois vieux châteaux, — en partie ruinés, — couronnent trois rochers pointus dans l'échancrure desquels le voyageur aperçoit de fort loin la silhouette dentelée de la ville. — Ce chef-lieu du Dixain et du canton du Valais a été dix fois assiégé depuis le neuvième siècle ; il a été de plus incendié, pillé ; inondé par le Rhône et la Sionne, et renouvelé de fond en comble par la terre elle-même. — Sous les Romains et sous Charlemagne, Sion jouissait de priviléges exceptionnels. Aujourd'hui, elle est un séjour fort triste ; aussi la traverse-t-on au pas de course. — Nous y soupons en musique : une petite fille de dix ans joue du violon de manière à faire regretter qu'elle n'ait pas choisi tout autre instrument, car celui-là est peu gracieux pour une femme. — Quelques heures après, nous étions de retour à Martigny, dont je vous ai déjà entretenu ; ce vieux bourg romain se trouve au confluent de la route qui monte au grand Saint-Bernard, route que nous avons prise en commençant, — et de celle du Simplon, par laquelle nous revenons à notre point de départ, — après avoir traversé, — de l'autre côté des montagnes, — la Savoie, le Piémont, la Sardaigne et les États Milanais. — Il est un moment question de gravir le col de Balme ou la Tête Noire, afin de retomber une dernière fois dans cette admirable vallée de Chamounix, où sont encore MM. Martins, Bravais et Lepileur, qui n'ont pu mener à bonne fin la difficultueuse entreprise de leur ascension au Mont-Blanc. — Mais un autre avis l'emporte, et le lendemain soir nous arrivons à Genève, par Saint-Maurice, Villeneuve et le beau lac Léman.

En mettant le pied sur le quai du Rhône, je vois courir vers moi une âme damnée que j'avais placé à l'affût de quelques autographes, dont je suis naturellement friand. — « Monsieur! Monsieur! — me crie-t-elle du
» plus loin qu'elle croit pouvoir se faire entendre, —
» trois Voltaire! un Staël! du Jean-Jacques, et peut être
» un François de Salles! »

— « Bravo! lui dis-je, — et lui arrachant des mains les précieuses feuilles, je lis avidement les billets suivants, parfaitement authentiques, sablés d'une petite poudre d'or fin, et écrits par le patriarche de Ferney à son libraire Cramer; — l'orthographe en est littérale :

— « Je fais réflexion que Port-Mahon sera pris ou
» manqué dans quelques jours, et il y a même appa-
» rence qu'il est pris actuellement. Je dois un petit com-
» pliment à M. le maréchal de Richelieu. Ce petit com-
» pliment sera sûrement imprimé bon ou mauvais dans
» l'édition de Paris, et s'il manque dans la vôtre, on
» dira qu'elle est incomplète. Voyez quelle est sur cela
» votre idée; pour moi, je n'en ai d'autre que celle de
» votre goust et de votre avantage. — Valete Cari. »

Et ailleurs : — « Mon cher Gabriel m'a promis une
» feuille, mon cher Gabriel m'oublie. — Je demande le
» dictionaire de Madrid. — Quand j'aurai traduit l'ex-
» travagant Héraclius de Caldéron, je le renverrai, et je
» demanderai le *corpus juris* pour faire voir que jamais
» les Romains, qui étaient un peuple sérieux, n'ont en-

» voyé de *cré*tiennes au......., ni fait rôtir sur le gril des
» Saint-Laurent. »

Ailleurs enfin :......... « Si M. Philibert ne fait pas
» envoyer des imprimes chez les souscripteurs corné-
» liens qui n'ont pas payé, tout est perdu; — nos sei-
» gneurs français sont le contraire des anglais : ils pro-
» mettent et ne donnent rien. — Je suis inquiet de votre
» santé, la bonne année à tou*tte* votre famille. »

Dans les papiers que mon âme damnée me présente, s'en trouve un plus impressionnable au vent du lac, et porteur d'une écriture plus fine; voici ce que j'y lis :

— « J'étais alors presque résignée à vivre dans ce
» château de Coppet, en ne publiant plus rien sur aucun
» sujet; mais il fallait au moins, en faisant le sacrifice
» des talents que je me flattais de posséder, trouver du
» bonheur dans mes affections, et voici de quelle ma-
» nière on arrangea ma vie privée, après m'avoir dé-
» pouillée de mon existence littéraire. — Le premier
» ordre que reçut le préfet de Genève fut de signifier à
» mes deux fils qu'il leur était interdit d'entrer en France
» sans une nouvelle autorisation de la police. — C'était
» pour les punir d'avoir voulu parler à Bonaparte en
» faveur de leur mère..... »

Peschier, l'Hanemann de Genève, avait aussi daigné signer cet aphorisme : — « Il est faux de dire que les contraires se guérissent par les contraires, — car je défie qu'on puisse me démontrer ce que c'est que le contraire d'une maladie! »

Pardon, Messieurs les allopathes, — considérez bien que je ne suis pour rien dans cette assertion; — qu'elle retombe de tout son poids sur la tête de son auteur !

— De joyeuses salves d'artillerie interrompent ma lecture; — on inaugure un pont sur le Rhône, appelé *Pont de la Machine;* — la nuit, d'ailleurs, descend rapidement.

Je me souviendrai toute ma vie de cette admirable soirée : tout Genève est sur les quais, — de petites chaloupes canonnières sillonnent d'éclairs rapides la transparence du lac, — et les belles eaux du fleuve ajoutent un long rayon d'or aux mille flambeaux du nouveau pont, chargé de femmes et de fleurs. — Un ballon est lancé, — il monte comme un météore aux acclamations de la foule, qui le suit plus d'une heure dans le firmament radieusement étoilé, et le voit disparaître derrière les hautes montagnes, qu'un vif clair de lune met en relief. — Le ciel, le lac, les Alpes, resplendissent de cette *morne sérénité* aimée du grand poëte; — c'est une de ces nuits plus belles que les rêves de l'homme, une de ces nuits qui rendent tristes tous ceux qu'elles ne font pas heureux, une de ces nuits charmantes à veiller sous un balcon, une de ces nuits enfin qui rendent fou quand on a dix-huit ans et que le cœur bat pour la première fois.....

Et maintenant, le reste de mon voyage ne serait plus qu'un manuel entier des vingt-deux cantons de la Confédération helvétique; — or, je ne veux point aller sur les brisées des itinéraires, encore moins entretenir le lecteur de choses qu'il sait déjà; — car aujourd'hui tout le monde fait son voyage en Suisse, l'a fait, ou le fera. — Il ne faut pas troubler les souvenirs des uns, il ne faut pas gâter les jouissances des autres. —

C'est pourquoi je descends de l'étrier.

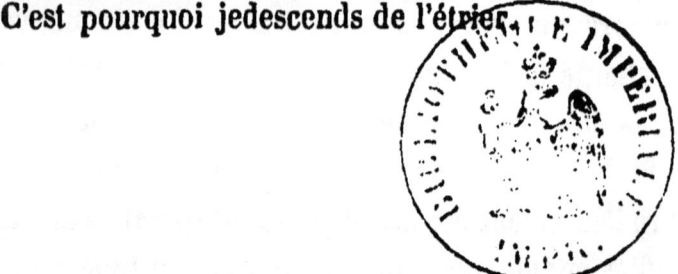

www.ingramcontent.com/pod-product-compliance
Lightning Source LLC
Chambersburg PA
CBHW071911160426
43198CB00011B/1262